親子で学ぶデジタル×マネー教育
ネコマルのデジタルおこづかいレッスン

見原思郎
MIHARA SHIRO

幻冬舎MC

親子で学ぶデジタル×マネー教育

ネコマルのデジタルおこづかいレッスン

はじめに

――初めてのおこづかい、いったい何に使おう？

小学3年生になったばかりのタケルは、今月から毎月1000円のおこづかいをもらえることになり、胸を躍らせていました。

念願の「自分のお金」の使い道が頭のなかに次々と浮かんできます。コンビニで好きなお菓子をたくさん買ってみたい。新しい文房具が欲しい。友達にプレゼントをしてみたい……。

そんな期待を膨らませながらタケルが手にした1000円のおこづかいは、紙幣や硬貨といった物理的なお金ではありませんでした。タケルの両親は「将来の買い物の練習のために」と、おこづかいをデジタルマネーで渡すことにしたのです。

こうして月に一度、デジタルマネーでおこづかいをもらうようになったタケルは、目に見えないお金を使うという電子決済の難しさや悩みにぶつかります。

「デジタルマネーだと、お金を使った実感がなくてどんどん使っちゃいそう。どうやって管理していけばいいんだろう？」

「毎月のお金が足りない！　デジタルマネーを貯《た》めるにはどうすればいいの？　それよりもらったおこづかいをもっとふやせる方法があればいいのに」

「パパがスマホでネットショッピングをしているのを見たんだけど、ぼくもおこづかいを使ってネットで買い物してみたいな。カードゲームとかカッコいいキーホルダーとか、自分で選んで買ってみたい！　でも子どもでもできるのかな？」

疑問は単なるおこづかいの使い道にとどまらず、デジタル時代ならではのお金の価値や金融、リスク管理などの問題にも広がっていきます。

タケルの疑問にどう答えるべきか両親も迷い、お金の使い道を巡って家族みんなで頭を抱えることになります。そんなとき、タケルたちの前に〝お金の妖精〟を名乗る猫が突然現れて……!?

世はキャッシュレス時代です。日本でも政府によってキャッシュレス化が推進されており、経済産業省は２０２５年までに４割程度に、将来的には世界最高水準の８割程度にキャッシュレス決済比率を引き上げたいと目標を掲げています。これから社会に出ていく子どもたちは、必然的にこのキャッシュレス化の流れに巻き込まれることになります。実際に、子どもたちがスマートフォンのコード決済やプリペイドカードなどを利用する場面をよく見かけるようになりました。キャッシュレス化が進んでいくなかでは、お金の価値を知り正しい使い方を学ぶことと、デジタルの知識を身につけることは、切っても切れない関係になっています。

しかし、例えば手取り収入の減少やＮＩＳＡの登場などを背景に、しっかり貯金、投資運用する、といった、現代ならではの金融リテラシーについて、親がどのように子どもに教えればよいのか分かっていない家庭がほとんどです。

デジタルデバイスに関する知識については、ひょっとしたら親世代より子ども世代のほうが理解を深めているかもしれません。

私はこれまで、親と子どもが金融リテラシーを学び、子どもが「おこづかい」を通じて正しいお金の使い方を理解して自立することを、アプリとプリペイドカードを連携させる独自のサービスによって支援してきました。その経験から、今は子どもだけではなく親も一緒に、運用を含めた金融リテラシーを学ぶ必要性が高まっていると考えています。なぜなら金融を取り巻く環境がデジタル化されたことによって、より理解しやすく簡単に身につけられるようになってきたからです。

キャッシュレス化は、現金と比較して利用履歴が見えやすくなり、振り返りや管理がしやすいという面もあります。キャッシュレス主体のデジタル時代ならではの管理・運用の方法や安全な使い方といった知識を身につけることは、より良いお金の使い方について考える手助けになってくれるはずです。

この本では、初めてのおこづかいを通じて壮大な「お金」の世界の扉を開いた少年――山村タケルくんとその家族に巻き起こるさまざまな事件を題材に、デジタル時代を生きていくなかで知っておきたいお金に関する知識を、お金の妖精〝ネコマル〟が解説します。タケルくんとその家族が、お金とどのように向き合い行動していくのかを親子で一緒に見守りながら、デジタル時代の金融リテラシーについて学ぶきっかけとなることを願っています。

目次

序章

デジタルおこづかいってなに？
キャッシュレス時代のマネーリテラシーをおこづかいで学習！

第1章

〜はじめてのデジタルおこづかい〜
「お金の大切さ」をデジタルマネーで学ぶ

第2章

～おこづかいは貯金一択？～

デジタル時代のお金の貯め方、ふやし方

第3章

～デジタルマネーならではのトラブルはある？～
デジタルマネーを安全に使うための基礎知識

第4章

〜おこづかいで夢をかなえたい！〜
アプリで残高や目標金額を共有し、夢の実現へ向けて計画をつくる

第5章

～みんなの幸せを願って、すてきなお金の使い方をしよう～

おこづかい教育で実現する子どものデジタル×マネーリテラシー

序章

デジタルおこづかいってなに？

キャッシュレス時代の
マネーリテラシーをおこづかいで学習！

初めてのおこづかいは「プリペイドカード」

「始業式の準備、終わった！」

リビングのドアを勢いよく開けて入ってきたタケルが、大きな声で叫んだ。

休日の夜、夕飯を終えた山村家はリビングでそれぞれの時間を過ごしていた。姉のミサキはソファに座って、テレビで音楽番組を見ている。母のユウコはキッチンで、夕食後の食器を食器洗い機に入れ、その隣で父のハルトがおかずの残りをストッカーに詰めている。

タケルはというと、食事を終えてから慌てて自分の部屋に戻り、明日から始まる学校の準備を急いで終わらせてきた。普段は朝になってから慌てて学校の準備をするタケルが、登校日前日の夜に準備を終えたのには、もちろん理由がある。

「ねえ、約束のあれ、今ちょうだい！」

キッチンのユウコとハルトに駆け寄り、タケルは両手をぐいっと前に出す。ハルトがにやりと笑った。

「3年生になる準備が終わったら渡す、って言っていたもんな。——『おこづかい』」

ハルトはポケットに手を入れて、一枚のカードを取り出した。

——あれっ。おこづかいって……カード？

タケルは大きな目を見開き、ハルトの手元をじっと見つめた。


小学2年生までは入り用になったら都度、ママとパパに相談して必要な額をもらう。3年生になったらおこづかい制を始める。これが山村家のお金のルールだ。そしてタケルが3年生になる今年の春、おこづかい制を開始するにあたって、パパとママはひとつ実験的な試みをタケルに提案してきた。

その試みは、先月、晩酌中の二人が交わした何気ない会話から始まったという。

「ねえママ、今日おれ、家に財布を忘れちゃってさ。でもオフィスでランチ食べるのも、移動も、コンビニでの買い物も、何ひとつ困らなかったよ」

「あらそう。まあたしかに、私も最近すっかり現金は使わないわね。会社内の自販機も、デジタルマネーで買えるし。ネットスーパーでの買い物も、クレジットカードだしね」

広告代理店で働く父のハルトと、商社で働く母のユウコ。毎日忙しく働き、移動も多い二人だが、よく考えてみると最近生活のなかで現金を使う機会はほぼゼロだ。近頃では「現金払いお断り」の店舗さえある。ハルトは、ふと思いついたかのように言った。

「そういえば、タケルもこの春で3年生だ。もうすぐおこづかいをあげる頃だよな。こんなに世の中でキャッシュレス決済が広がっているのに、子どもへのおこづかいは現金でいいのかな？」

「……考えたこともなかったわ。おこづかいって『現金』であげるものだと思い込んでいたから。でも……たしかにそうよね。デジタルマネーを使う経験も必要かもしれない。タケルへのおこづかい、せっかくならデジタルであげてみない？」

調べてみると、親がチャージして子どもに持たせられる、おこづかい用のプリペイドカードがあるという。店舗でもオンラインでも使用できて、かつ、親子で利用履歴を確認できる「おこづかいアプリ」と連携しており、そのアプリでお金の管理ができるそうだ。これならおこづかいの額を超えて使用することはできないし、トラブルがあっても親がすぐに把握できる。

「これ、タケルへおこづかいを渡すのに、ぴったりじゃないか？」

「あの子、いきなりお金を渡してちゃんと使えるか心配だったから……、アプリでお金の使い道を見られるのは、むしろ安心ね」

こうしてタケルへの「デジタルおこづかい」の試みをすることになったらしい、のだが……。

「新しい文房具を買いたいし、ヒロやショータにプレゼントも買いたいな……」

リビングのソファに寝そべったタケルは、もらったばかりのプリペイドカードをひらひら頭上でかざしながら、その使い道を考えている。もらったばかりのカードはピカピカ光っていて、かっこいい。

「あのね、タケルのおこづかいは月1000円だからね。そのカードには今、1000円しか入っていないんだからね！」

「はいはいママ、分かってるって」

ダイニングテーブルに座ったユウコとハルトが、不安そうな表情で目くばせをしている。「本当に分かってる？」とでも言いたげな表情だ。

「ねえ、タケル。それ、無限に使用できる魔法のカードじゃないんだからね。無計画に使ったら、すぐにお金なんてなくなっちゃうの。だからね、おこづかいなんて貯金一択よ」

会話に割り込んできたのは姉のミサキだ。この春から中学1年生になるミサキは、タケルとは違って堅実な性格である。ミサキもタケルと同様、小学3年生からおこづかい制になっていたが、そのほとんどを貯金に回していた。

「……貯金？　なんで？」

タケルはあんぐりと口を開けてミサキを見る。はあーっとため息をついたミサキは、タケルの足をのけて、よいしょとソファの端に座る。

「だって、この先、何があるか分かんないし」

「何があるか……って何があるの？」

「何って……。ねえママ、タケルにちゃんと言ってよ。この子、この調子じゃ、たぶん将来破産するよ。貯金が大事だって教えてあげて」

「欲しいものを買うためにあるのが、お金なんじゃないの？　自分の使いたいように使っちゃいけないの？　ねえパパ、違うの？」

タケルとミサキに見つめられたユウコとハルトは沈黙した。

タケルはミサキの言うことが分からなかった。お金は「使うためにあるもの」だと思っていたからだ。ただ貯めておくだけでは「ない」のと同じことではないか？

一方ユウコたちも迷っていた。楽観的なタケルは後先考えずに散財してしまいそうで、たしかに心配だ。プリペイドカードでおこづかいを渡してみたものの、デジタルマネーでは「お金は使えば減る」という感覚が分かるだろうかという懸念もある。一方「おこづかいは貯金一択」というミサキも極端なように思える。正しいお金の使い方を、子どもたちにどのように教えたらよいのだろうか。自分たち夫婦だって、そんなこと、教えてもらった記憶はないのに……。

「ねえママ」

カタカタカタ。

「ねえパパ」

ガタガタガタ。

「なんか、変な音しない？」

タケルとミサキが同時に言った。

ガタガタガタ、ゴトゴトゴト。たしかに音がする。だんだんと大きくなっていく。

「ほんとだ、どこで鳴ってるんだろう」とハルトが立ち上がる。ユウコは座ったまま
「やだ、地震かしら」と辺りを見回した。

「ねえ、あれ、動いてる」

タケルが指差した先、リビングのテレビボードの上にある、招き猫の置物が揺れていた。

ガタガタガタ、ゴトゴトゴト、ガタガタガタ、ゴトゴトゴト、と音を立てていたその置物が、ぴたっと止まる。そして猫の目がぎょろっと動いた。——動いた、気がした。

「はーあ。これじゃ先が思いやられる、マルっ。お金とは何か、どう向き合えばいいのか、この家の人たちも、ぜーんぜん、分かってないんだもんなあ」

タケルでもミサキでもユウコでもハルトでもない、知らない声だ。幼い子どもが喋《しゃべ》るような声色。この声、どこから……まさか……目の前の招き猫のほうから聞こえてくる……？

——気になる！

すぐに置物から目を逸《そ》らしたミサキとユウコとハルトとは異なり、タケルだけがソ

ファからテレビボードのほうへと身を乗り出し、招き猫の置物を人差し指でつんつんと突いた。

「えへ、ちょっと、つつかないでよ」

つんつん。タケルは構わずに置物を突き続けた。

「ねえー、くすぐったいってば」

タケルは振り返り、目をまん丸くしたミサキとユウコとハルトに向かって叫ぶ。

「やっぱり、この猫、喋ってる!!」

ガタガタガタと、猫の置物が再び揺れて、たしかに〝その猫〟が話した。

「おいっ、誰が『この猫』だっ。ボクは『ネコマル』だ、マルっ」

——ああ、なんだ。これはきっと夢だ。

家族全員が、そのとき同じことを思った。

解説編

おこづかいは子どもたちの金銭感覚を養うツール

世界におけるキャッシュレス決済の普及状況と、日本の実態

ユウコさんとハルトさんの会話にもあったように、近年、私たちの身の回りのさまざまな場所でキャッシュレス化が進んでいます。経済産業省が2025年に公表した、2024年のキャッシュレス決済比率は42・8%でした。デジタルマネー、コード決済アプリ、クレジットカード、プリペイドカード、デビットカードと、決済サービスは多様化し、その場の目的や導入状況に適した決済サービスを利用するのが自然になっています。

しかし世界的に見ると、日本はキャッシュレス化について後れをとっている印象です。韓国や中国、欧米諸国では日本以上にキャッシュレス決済の比率が高くなっています。

私は2019年に起業し、子どもの自立を助ける、親子向けプリペイドカードのサービスを立ち上げました。長女が生まれ、「好きなことにワクワク取り組める人になってほしい」と思うとともに、子どもたちがお金の使い方を通して自分の好きなものに気づ

世界主要国におけるキャッシュレス決済比率（2022年）

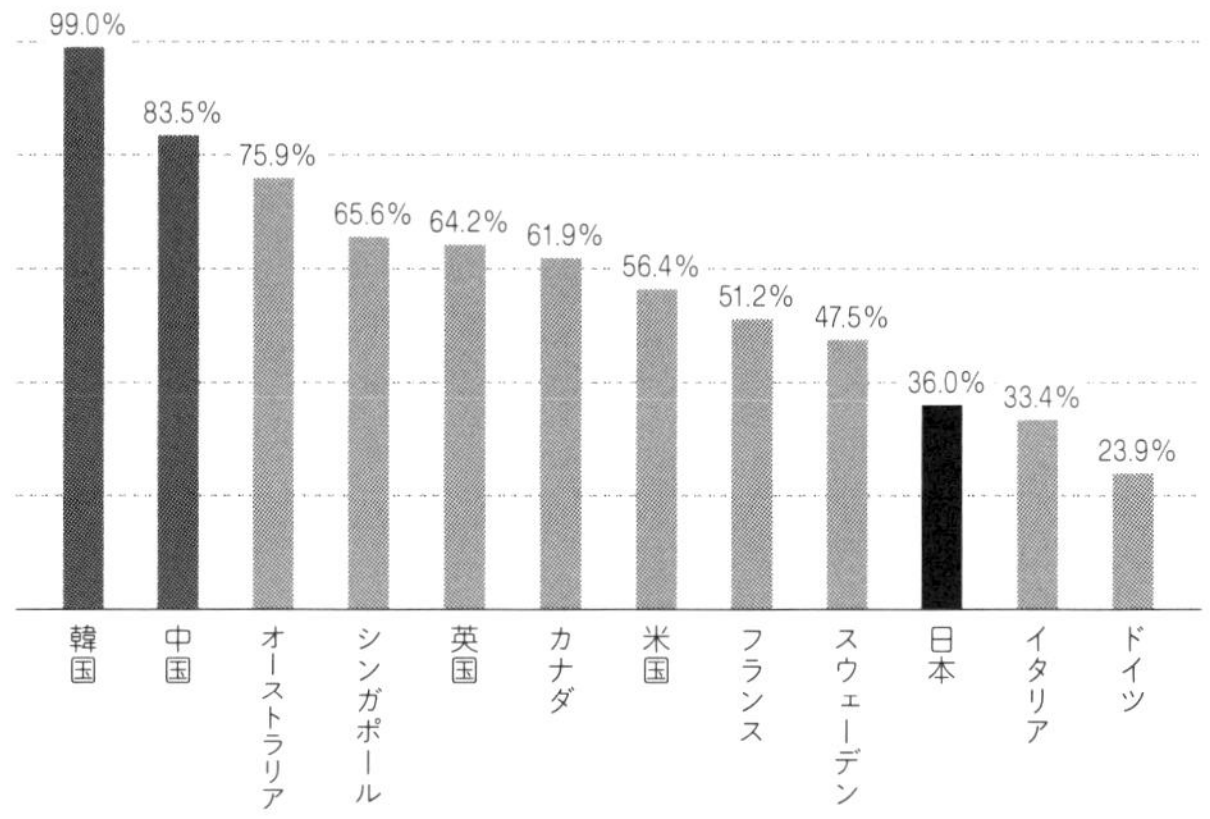

出典：一般社団法人キャッシュレス推進協議会

くような体験をつくりたいと思ったからです。

起業の前後では海外のキャッシュレス事情をリサーチすることもありましたが、２０１８年頃に中国を訪れたときには、自販機やカプセルトイ、移動も含めて街のあらゆるサービスを、すべてキャッシュレスで支払うことができて驚いたのを覚えています。また以前に、アメリカ在住の人にインタビューしたときは「子どもたちが現金を使う機会がないので、現金での支払い方が分からない子どもも多い」という回答もありました。

日本でキャッシュレス決済がなかな

か普及しなかった背景には、他に類を見ない偽造防止技術が施されている貨幣への信頼があるとも考えられます。盗難も少なく、現金を落としても返ってくるような治安の良い国だからこそ、現金を持ち歩くことに抵抗を感じる人が少ないのです。ＡＴＭなどの金融インフラが整っているのも、現金決済に不便を感じることがない理由の一つです。

しかし、海外からの観光客も増え、グローバル化の進む今、日本でも全国的にキャッシュレス比率を高めていくことが必要不可欠といわれています。

デジタルマネーと現金、何が違う？

キャッシュレス決済にはさまざまな種類があります。

〈デジタルマネー／プリペイドカード（前払い型）〉

さまざまな会社が独自に発行している電子的なお金で、主にスーパーやコンビニ、改札機でタッチしてお金を支払う。交通系ＩＣカードなど。

〈スマートフォンのコード決済（前払い型・後払い型など）〉

二次元コードやバーコードを通じて決済を行う。「PayPay」など。

〈デビットカード（即時払い型）〉

カードを読み取り端末に差し込んだり、かざしたりすると、代金が銀行の口座から即時に引き落とされる。発行会社にもよるが、一般的には15歳以上（中学生を除く）、もしくは16歳から作成可能。

〈クレジットカード（後払い型）〉

その場で支払うことなく商品やサービスを受け取ることができ、あとでお金の請求がくる。２０２２年の成年年齢引き下げによって、満18歳（高校生は除く）から申し込みが可能になった。

このようなキャッシュレス決済について「お金を使っている感覚がなくなり、ついつい使いすぎてしまいそう」「個人情報流出などのセキュリティ面が心配」といった不安の声を聞くことがあります。ただし小中学生が主に利用する、交通系ＩＣカードなどのプリペイドカードや、「PayPay」などのコード決済においては、オートチャージ機能さえつけなければ、限度額を超えて使用してしまう危険はありません。

一方で「交通費のために交通系ICカードを渡したのに、子どもが勝手にお菓子やジュースを買ってしまい、交通費が足りなくなってしまった」というような親子での約束がうまくいかない理由でのトラブルは、よく聞く話です。

デジタルマネーと現金は、それぞれにメリットとデメリットがあります。デジタルマネーでまず分かりやすいメリットは、支払いの簡単さです。小銭を出し入れする手間が要らず、おつりの計算不要でスムーズに支払いができます。ネットショッピングなどのオンライン決済においても便利です。また、送金のしやすさもメリットの一つです。物理的に離れている状態でも、デジタルマネーなら簡単にお金を送ることができます。

また、現金の場合は紛失したらなかなか戻ってこないのに対して、デジタルマネーなら紛失や盗難などの理由で利用を停止したり、場合によっては払い戻しを受けたりすることができます。利用履歴が残るので、お金の管理がしやすいのも良いところです。

逆にデメリットは、支払いの便利さや送金のしやすさを不正に利用されやすい点です。支払い画面やパスワードをうっかり共有してしまうと不正に使用されたり、デジタルマネーによる送金のしやすさを利用した詐欺などが起きたりしています。ただし利用履歴が残るので、まめに確認することで不正防止ができます。カツアゲのように、親に内緒で子ども同士がお金をやりとりすることを防ぐ面もあります。

一方、現金のメリットとして大きいのは、現状、日本では現金での支払いしか対応していない店舗がまだ多いことです。また電気やインターネット回線に頼らず決済ができるので、災害時には強く、防災バッグにはいくらか現金を入れておくとよいとよくいわれます。一部のモバイル決済はオフラインでの支払いに対応する仕組みを導入しており、災害時の決済手段としての研究・開発も進んでいますが、広く実用化されるにはまだ時間がかかると思われます。

さらに、現金の場合、使えば物理的になくなるので「お金が減る痛み」を感じやすいことです。子どもの年齢が小さい場合も、お金の価値を認識しやすく、大切なもの・必要なものから買う訓練には適しています。

半面デメリットとしては、落としたらそれっきりである場合が多いこと、火災や洪水などで使えなくなることもあること、支払いに手間取ることもあること、盗難などのリスクが挙げられます。

プリペイドカードとおこづかいアプリ

タケルくんはプリペイドカードでおこづかいを受け取り、「おこづかいアプリ」を使って親子でお金を管理していくことになりました。このようなデジタルマネーによるおこづかいの運用や、子ども向けのFinTechサービス、すなわちアプリと連動し金融教育にもなる子ども向けキャッシュレス決済サービスは、欧米で先行して普及しています。

その代表例が「Greenlight(グリーンライト)」です。グリーンライトはアメリカ・ジョージア州アトランタを拠点とし、２０１７年にサービスを提供してから急成長を遂げてきました。２０２４年現在では６００万人以上に使用されています。

ほかにも、イギリスでは「GoHenry」（イギリスが定める金融教育ガイドラインを、一つひとつ学習できる、デビットカードおよび子どもと青少年向けの学習アプリ)、オーストラリアでは「Spriggy」（ポケットマネーアプリとカード）など、キャッシュレス比率の高い国では類似サービスが普及し、いずれも伸びています。

こうしたサービスが普及している背景には、子どもが将来的に自分のライフプランや理想の人生像を実現していけるよう、子どもにお金の教育をしていくことが当然だという考えがあるのだと思います。

そもそも欧米では日本に比べて、子どもに渡すおこづかいの金額が多い傾向にあります。アメリカでは子どもの年齢ごとに週に1～2ドルを支払うのが一つの目安となっており、10歳であれば月に40ドルから80ドル（1ドル150円換算で、月6000円から1万2000円）という計算になります。

おこづかいを、「子どもたちが金銭感覚を学び、目的に応じて自分で計画的に使う力を養うツール」としてとらえているからこそ、子どもにお金の使い方を委ねられるくらいのまとまった額を渡しているのです。

だからこそ、欧米では、日用品や文房具など、生活に必要なものもおこづかいから購入させるという考え方が多いようです。もし足りなくなったら芝刈りなどの家事の手伝い、隣の家の犬の散歩など、自ら仕事を探して取り組み稼ぐことも経験します。

一方、日本ではおこづかいの金額は低くても、洋服や日用品、教材など、生活に必要なものは基本的に親が買っています。おこづかいは子どもたちのごほうびの買い物や、交遊などに使用するもので、その背景には「まとまった額を渡してしまうと、子どもがムダ使いをしてしまうのではないか」という懸念があるのだと思います。

しかし、何がムダ使いで、何が自分にとって良いお金の使い方なのか、どのように使えば自分の理想的なライフプランを実現できるのかは、自分で考え、選択し、失敗も含めたさまざまな経験を重ねていかなければ、なかなか判断できるようにはなりません。

子どもの頃から一定の金額を渡し、親の管理下で「自分で判断し使い方を考えていく、試行錯誤の経験」を積み重ねていくほうが、子どもの主体性を育てつつ、実践的なお金の教育になるのではないかと私は考えています。

最近になってようやく日本でも、より良いお金の習慣づけや、実践を通じた学びのため、子ども向けのプリペイドカードや「おこづかいアプリ」のサービスが続々と誕生しています。私が手がけるサービスもその一つです。

とはいえ「お金」とはどういうものかをまず覚える段階では、物理的な貨幣を使用したほうが小さな子どもでも理解しやすいです。おつりの計算をしたり「なくしてしまうと買い物ができないのでお金を大切にしよう」といった考え方を身につけたりすることも大切です。そのため、子どもがお金の計算を現金でできるようになるまでは、おこづかいを現金で渡し、その後はキャッシュレスと併用していく、などと、段階に分けて進めていくのがおすすめです。

第1章

～はじめてのデジタルおこづかい～

「お金の大切さ」をデジタルマネーで学ぶ

おこづかいを使い果たした？　適切な額と振り返り

自宅と小学校を結ぶ街道沿いの桜の木は、いずれも満開になっていた。学校からの帰り道、頭上に橋が架かったような弧を描いて淡い桃色一色になっている。まだまだ散り始める気配はない。当然だ。四月は始まったばかりで、始業式の日からたった2日しか経っていないのだから。

タケルは満開の花を見上げて、ため息をついた。

――家に帰ったら、ちゃんと話さなきゃいけない。ママは怒るだろうな。パパもきっと……。よし、まずは〝あの子〟に話して作戦を立てよう……。

「だからさ、ネコマル、ぼくだってまさかこうなるとは思っていなかったんだよ……」

夕飯どきの山村家。リビングでは、テレビボードの上に置かれた招き猫――突然動き出し、喋り出し、自らを「ネコマル」と名乗ったその置物に向かって、タケルが小さな声で話しかけていた。

リビングに入ってきたミサキは、ぎょっとした目でタケルとネコマルを見つめる。ひぃと小さく声をあげて、夕食の準備をしているユウコのもとに駆け寄った。

「ママ、タケルがあの子と喋ってるわ。もう私、怖い」

そのことについては考えないようにしている、といったふうに小さく頭を振り、ユウコはタケルに向かって「ごはんよ、こっちにいらっしゃい」と声をかける。

タケルはネコマルをひょいと抱き、ダイニングテーブルに連れてきた。同時に席についたハルトは、げ、という表情でネコマルから視線を逸らした。

「……あのー、タケルぅ。なんかボク、ママにもパパにもミサキにも、避けられてる?」

ネコマルがコテンと胴体を傾ける。揺らしたり傾けたり、ずりずりと前に進んだり。このネコマル、自分の体を動かすことは、自在にできるようだ。

「あのね、ネコマル。みんなビックリしてるんだよ。始業式の前の日、ネコマルが急に現れて『ボクはお金の妖精です』なんて自己紹介したから」

――そう。ネコマルはお金の妖精なのだ。お金について〝ちょっとした問題〟を抱える親子のもとに現れ、おこづかいを通じてお金のより良い使い方、考え方について指南しているのだという。

「いつも、こういう置物に乗り移って、いろんな人と喋ってるんだよね」

と、家族で唯一ネコマルの存在を早々に受け入れたタケルが、ネコマルの頭を撫《な》でる。

ネコマルは「うふふ〜」と甘えながら、ウンウンと上下に揺れている。

タケルの順応力に呆《あき》れているのか、まだ覚めない夢のなかにいるらしいユウコとハルトとミサキは、目の前のネコマルから目を逸らし、湯気の立つ唐揚げに箸を伸ばした。

「ところでタケル、あの話、早くママとパパにしちゃったら？　タケルが1カ月分のおこづかいを、2日で使い果たしちゃった話っ！」

ネコマルの言葉に、ぴたっとママとパパの手が止まった。わわわわと慌てたタケルは、ネコマルの口を塞ごうとするが、間に合わない。

「……どういうこと？　タケル」

ユウコが凍りついたような表情でタケルを凝視した。タケルは口をぎゅっと結んで黙り込む。ネコマルは再び、コテンと胴体を傾けた。

「……始業式の帰りにコンビニに寄って、自分用にチョコとジュースを買って、友達のヒロとショータとかいう子にもおごってあげたんだって。それも、なんと2日連続で！　ワオ、太っ腹だね、タケル！」

「ちょっとネコマル、ママとパパにはぼくから話すって言ったじゃん！」

はっ、と殺気を感じてタケルが顔を上げる。ユウコが鬼のような顔で「ネコマル、続けて」と吐き捨てる。もう終わりだ……とタケルは思った。

「おとといと昨日で995円使って、もうプリペイドカードには5円しか残っていないんだってさ」

ネコマルの言葉に、はあ〜っとユウコとハルトがため息をついた。やっぱりか……という二人の失望の表情に、タケルは思わず目を伏せた。

「しょうがないわ。タケルには、月額で渡すのはやめて、これからも必要な分だけ都度払いをすることにしましょ……」

とユウコが言い終わる前に、ネコマルがガタガタと揺れ始めた。まるで貧乏ゆすりをしているかのようだ。

「それでいいのかなあ。ほんとにいいのかなあ」

「何よ、ネコマル、言いたいことがあるのなら言いなさい」

気がつくとユウコも、ネコマルの言葉に自然と応え、会話を始めている。「ママ、大丈夫？」とでも言いたげなミサキの冷たい視線を感じ、ユウコはあっと口を手で覆った。

ガタガタ揺れていたネコマルがピタッと止まり、ユウコのほうへと向き直った。

「必要な分だけその都度渡す。それってタケルからしてみれば、何もしなくてもママやパパに『ちょうだい』って言えば、必要なお金を必要なだけもらえるってことだよね。それってタケルにとって、お金は『当然もらえるもの』になるってことじゃなーい？タケルは自分でお金のやりくりをしたこともなく、どのようにお金を使うと自分にとって良いかを考えることもないまま、大きくなるんだよ。タケルが大人になってもママとパパが、タケルにお金をあげ続けるならいいんだけど、それ、ずーっと続けるの～？」

ネコマルの言葉に、痛いところを突かれたような表情のユウコは黙り込んだ。

陶器でできているはずのネコマルの口元が、にやっと笑ったように見えた。ネコマルはダイニングテーブルの上を、ユウコとハルトの前に向かってずずっと進み、小声で語りかける。

「ねえ、ママとパパは将来、タケルにどうなってほしいのさ」

ユウコとハルトは目を見合わせた。二人の願いは、口にしなくても明らかに同じようだった。

二人の願い、それは将来タケルがお金に困らないように、お金に関する正しい知識を持ってほしいということ。むやみにお金に対する不安や恐れを抱くことなく、自分の成長や充実のために、お金を使えるように。何より親の究極の目標は、一人でも幸せな生活を歩めるよう、この家から自立してくれること――。

ユウコとハルトを見つめるネコマルは、やはりにやにや笑っているように見えた。

「ね、そうでしょ。だったらタケルは今、より良い生活や人生を送るためのお金の使い方を学び、ママやパパに逐一指示されるのではなく『自分で考え、自分でお金を使う経験』をする必要がある。それが『自分のお金を、自分で判断して使えるようになる力』を育てることになるんだよ」

自分のお金を、自分で判断して使えるようになる力――タケルはその言葉を聞いて背筋がピンと伸びるような感覚を覚えた。なんだか大人扱いされたようだ。

「タケルが自分で判断できるようになるために、おれたちは何をすればいいんだろうな」

ハルトも自然に、ネコマルとの会話に参加し始めている。ユウコはうんうんと目を閉じて考え込んでいる。ミサキだけが唐揚げの皿にもう一度箸を伸ばした。

「タケルを信じて、任せること……」

ネコマルはゆっくりと頷《うなず》きながら答えた。ユウコとハルトはいつの間にか、身を乗り出しながらネコマルの話を聞いている。

「……って言っても、今のやり方じゃダメだ。ママとパパが見守っている環境のなかで、タケルが自分で考えてお金を使う練習をするために、おこづかいの仕組みを見直す必要があるとネコマルは思うよっ」

そしてネコマルは、「お金の渡し方」と「お金を使ったあとの振り返り方」の2つを見直す必要があると語った。


まずは「お金の渡し方」。月1000円を一度に渡したユウコとハルトだったが、その程度のお金でタケルの生活に必要なものをすべて買えるわけはなく、実はおこづかい以外にも交遊や文房具などは、ユウコとハルトに都度言って買ってもらうことになっていた。

ネコマルいわく、月1000円ではやりくりの工夫をするのにも限界があり、またそもそも貯金するだけの余力がないので、お金を貯める練習がなかなかできない。そのためいちいち都度払いするのはやめて、その分、自由に使えるお金を一定額渡したほうがよいという。

月額のおこづかいの目安は「年齢×１００×４」円。タケルは3年生になったばかりで現在8歳のため、「８×１００×４」で月額３２００円になる。

「そんなにもらえるんだ！」とタケルはうれしそうだ。しかしユウコは怪訝《けげん》な顔で「１０００円を2日で使い果たすタケルに、３２００円も一度に渡したら、大変なことになるに決まってるじゃない」と言う。

「そうだよね。だから『週払い制』にするんだ。毎週８００円ずつタケルに渡してあげて。そのほうが使うペースがつかめるし、使いすぎてもダメージが少ない、マルっ」

次に「お金を使ったあとの振り返り方」。デジタルマネーの良いところは、お金のやりとりが〝見える化〟することだとネコマルは言う。

現金の場合はいちいち家計簿やおこづかい帳をつけなければ、お金のやりとりは見えない。しかしデジタルマネーの場合、自動で利用履歴が残るため、現金よりもお金の出し入れの記録が簡単になる。

タケルの使用している子ども用プリペイドカードは、おこづかいアプリと連携しており、カードで買い物をしたりおこづかいをもらったりするやりとりが、すべておこづかいアプリに表示される。

「あ、そういえばおこづかいアプリ、全然見てなかった」とタケルが自分のスマホを取り出し、アプリを開く。コンビニでの支出金額が細かく記録されていた。

「タケル、これからは、何かを買うたびに、アプリを開いて『何を買ったか』を記録してくれる？　『学校帰りに、自販機でジュース』とか『友達におごったチョコ』とか、あとで見て自分が分かるように入力してほしいな」

ネコマルに言われ、タケルは昨日買ったジュースとチョコの分を入力してみた。

「これだけでいいの？　これなら簡単だから、毎日でもできそうだけど……」

「これだけ記録しておけば、アプリを開くたびに『何に使ったか』『あといくら残っているか』が一目瞭然でしょ？　これを見れば『今、今週分の残りのお金はどれくらいあるだろう。使いすぎてないかな？』とチェックできるじゃな〜い？」

ネコマルの言うとおりだった。「ジュース」「友達におごったチョコ」などと、2日でどのようにタケルがお金を使ったのかが、よく分かる。残高5円という表示を見ると、タケルの心のなかに、ちっともうまくお金を使えなかったという後悔の気持ちが湧き上がってくる。

「文字だけでなく、写真で思い出の記録や、レシートを取っておくだけでも、その時の気持ちや何があったかをお手軽に思い出せるんだ。残念な記憶だけでなく楽しい記憶もね」

タケルの心のなかを読み取るようにニマッと笑うネコマル。ちょっぴりムッとしたものの、タケルは楽しい記憶が思い出せるなら悪くないか、とも思った。

ネコマルいわく、タケルが買い物をすると、ユウコとハルトのスマホにリアルタイムで通知が行くような設定ができるらしい。ユウコとハルトはそれぞれスマホを取り出し、ネコマルの言うとおりに設定をした。

「そうか。こうしておけばママと一緒に、タケルがどのようにお金を使っているか見守れるんだな」

ハルトは、おこづかいアプリ画面を人差し指でスクロールしながら言う。ユウコは「昔はレシートを集めて、家計簿をつけていたものだけど、今は便利になったのね～」とうれしそうにスマホをのぞき込んでいる。

「ねえタケル、ネコマルの言うとおりやってみましょうよ。そして月末になったら、一緒にアプリを見ながらお金の使い方について振り返ってみましょう」

「うんママ、ぼく、やってみたい。２日間、余計な買い物ばかりしていたことは、アプリを見ればよく分かる。今度は使いすぎないように気をつけるよ」

「パパもアプリをチェックしながら、もし気づいたことがあったらタケルに声をかけようかな」

三人が盛り上がっているのを、３つ目の唐揚げを口に入れたミサキが、冷ややかな目で見つめている。

「あのさー、それ、うまくいくわけ？　だいたい振り返りっていうけど……」

とミサキが三人に割り込んで話そうとする。

ネコマルはミサキのほうを向いて、やめてと言わんばかりにガタガタ揺れた。

「しーっ！　ミサキ。言いたいことがあるのは分かる。でもまずはやってみることが大事なんだ。ちょっとの間、三人を見守ってあげようよ」

解説編

家庭で「お金の使い方教習所」を始めよう

おこづかいアプリを「おこづかい帳」として使う

以前と違って通帳もお金もデジタル化した現代では、スマホひとつで、いつでも日々の入出金や残高を確認できるようになっています。自分の資産やお金のやりとりが簡単に見えるようになったことで、自分のお金の使い方について振り返りをするのも容易になっています。

クレジットカード、スマートフォンのコード決済、交通系ＩＣカードなどと複数の決済方法を併用し、貯金は別の口座で管理している場合、入出金をトータルで把握して振り返るために、家計簿アプリなどに一度情報を集約する必要があります。しかし子どもの場合、おこづかいの授受や日々の買い物の手段を子ども用プリペイドカードに絞れば、おこづかいアプリをそのままおこづかい帳として使用することが可能です。

おこづかい帳には通常、①入出金のあった月日、②動かした金額、③用途や内訳、

④残高の4点を記録していきます。利用履歴が自動で残るプリペイドカードと、それに紐《ひも》づくおこづかいアプリを使用した場合、①入出金のあった月日、②動かした金額、④残高は自動で記録されます。この記録に、③用途や内訳のみ入力すればおこづかい帳の完成です。

ただし今は、現金でしか支払えない環境もまだ残っています。ですから子どもには常時、1カ月分のおこづかいの半額ほどの現金を持たせておいたほうが安心です。アプリには現金の買い物でも手動で記録できますので、前もって子どもに教えておくとよいと思います。

ちなみに私の手がけたサービスでは、指定した額を親の管理下に移動し、子どもが使用できなくなる「親預かり」という機能をつけました。これは親が立て替えたお金の精算などに利用できる機能ですが、「子どもが現金での買い物をしたときに、プリペイドカードからその額を親が引いておく」というような使い方をすれば、現金も含めておこづかいアプリで一括管理できるようになります。このような機能も利用しながら、おこづかいアプリさえ見れば子どものお金のやりとりをすべて把握できる、というような仕組みをつくってあげると、子ども自身も、親も、振り返りが楽になるはずです。日々の入出金を記録し振り返ることで、子どもは、自分がお金をどのようなペースで使っているかを把握できます。同時に、使いすぎている場合は、ムダをどう省くかを考えるきっかけになります。子どものうちから、こうした金銭感覚を養う習慣を身につけるのは、とても意義のあることです。

学校で知識を学び、家庭で実践する

親子でおこづかいアプリを利用することのメリットは２つあります。

１つ目は、子どもがお金をどのように使っているのか、親がリアルタイムで把握できるので、親が安心して一定の額を子どもに渡し、使い方を任せられるということです。おこづかいアプリの多くには、プッシュ通知を有効にすると、子どもがカードを使うたびにリアルタイムで親のもとにも通知が届くような機能が備わっています。そもそもプリペイドカードに入金されている以上の金額は使用できない仕組みですが、万が一、子どもがオンラインゲームの課金をやめられなくなっている……など、少し危ない使い方をしている場合は、親が注意をしたりストップをかけたりすることができます。

またお金の使用状況を把握することで、子どもの生活をよく把握できるようになり、おこづかいの使い方に限らずさまざまな声かけをしやすくなります。

例えば子どもが塾に通っている家庭の場合、塾の近くのコンビニで飲み物や食べ物を買っている様子を、おこづかいアプリを通じて見守ることができます。「今日も塾に行ったんだね。頑張ってるね」と、子どもが頑張っていることを褒めるきっかけにもなるはずです。子どもがお金を使うタイミングや内容を把握することで、親がすべきサポートが分かり、親子の会話も増えるといったメリットもあります。

2つ目は、実践を通じてお金とはなんなのかを学ぶことができることです。お金の使い道だけでなく、なんのために使うのかをより現実的に考えるよい機会となります。自分の欲しいものを買う、でもそれは自分にとって本当に必要なものなのかを子ども自身が考えたり、お金は自分だけでなく、ほかの誰かのためにもなるということも、実際にお金を使うことで理解できるようになり、正しい使い道を自然に身につけることができるようになります。

おこづかいアプリを通じて、子どものお金の使い方を見守り、適切なタイミングに声をかけアドバイスするようにします。時には失敗もしながら自分で使ってみる経験をさせなければ、お金の使い方を身につけさせることはできません。

とはいえ、経験を重ねた大人のほうが、お金の使い方の勘所を心得ているものです。子どもが実際にお金を使いすぎてしまい、困っているタイミングには、節約のコツや効率的にお金を使うポイントを教えてあげることも大切です。

学習指導要領の改訂により、２０２２年から高校で金融教育が必修になりました。今の子どもたちは、高校生になると、金融や経済の仕組み、金融トラブル防止などのお金にまつわる分野を学校で学ぶことになっています。

ただし学校で学べるのは、どうしても知識が中心になります。大人になってから本当に必要なのは、自分が持っているお金の範囲内でうまく活用することや、どの程度貯金や投資をするか決めること、自制心、お金を管理するための習慣などです。これは実践を通じてしか学べないのです。

だからこそ、親が子の試行錯誤を見守り、危ないときには声をかけることができる家庭のなかで、子どもがお金の使い方について自分で考え、実践できる機会をつくることが大切だと思います。

リアルタイムで把握、月末に親子で振り返り

子育て中のママ向け情報サイト「ママソレ」が2023年に実施したおこづかいに関するアンケートによると、小学1～2年生のおこづかいの平均金額は966円、小学3～4年生は1121円、小学5～6年生は1653円でした。しかしこの金額は、子どもが生活に必要なものも含めて使い方を工夫し、やりくりするには少なすぎます。おこづかいとは別に、友達と遊びに行くときのお金や、日用品などは親が出しているケースも多いはずです。

私がおすすめしたいおこづかいの目安は、ネコマルが教えているとおり、月に「年齢×100×4」円です。9歳なら、月に「9×100×4＝3600円」を定額で渡すことになります。

このときにただ渡すだけでなく、使い道によってあらかじめ分けることも一緒に伝えておくことが大切です。自由に使うお金、貯金、自己投資のお金、ほかの人のために使うお金など、それぞれの割合を決めておくことで、使い方を考えるきっかけになりますし、全額使い切ってしまうこともなくなります。またこれらの割合は子どもだけでは決

められないので、親がアドバイスして適切と思われる割合を決めていくとよいと思います。

ただし慣れないうちから月額を一括で渡してしまうと、使うペースをつかむのが難しく、一度に使いすぎてしまうこともしばしばあります。最初は週払いにして、だんだん慣れさせ、子どもが自分で支出をコントロールできるようになってから、月払いに変えてみてもいいと思います。

そしておこづかいを渡すだけでなく、毎月、親子で一緒に振り返りを行うことも必要です。まずは子どもがお金を使うたびに親のスマホにリアルタイムで通知が届くように設定しておきます。

次に子どもには、買い物をしたらその日のうちに、おこづかいアプリに「何を買ったのか」をメモしておくように伝えます。お金を使うたびに、使用用途を記録することを習慣にすれば、おこづかいアプリがおこづかい帳の機能を果たしてくれます。毎日の記録はこれだけで構いません。あとは、月末に一度、親子で一緒にアプリを見ながら、その月のお金の使い方はどうだったかと振り返る時間を設けます。

振り返りをすることで、ムダ使いだったのか自分にとって必要な使い方だったのかを考えるようになり、自分が正しくお金を使えているかを理解できるようになります。一度子どもの自主性に任せることで、たとえ失敗したとしてもそれが子ども自身にとっての学びとなるのです。おこづかいの範囲内であれば、見守ってあげるのはとても大切なことだと感じます。

また、月に一度見返す習慣をつけると、子どもの成長もよく分かります。「半年前はおこづかいをもらうと、すぐに使いきってしまって困っていたけど、今月は計画どおりにできてすごい」「だんだん預金が増えているね」などと、子どもの変化に気づいて声をかけることで、子ども自身がお金の使い方や生活を見直し、適切な配分を考えられるようになっていきます。

「ムダ」を決めるのは誰？　振り返りで大切なのは「満足度」

「ただいまー！　塾の授業が延長して、遅くなった。はーあ、疲れた～！」

帰宅したミサキがリビングに入ってくると、ダイニングテーブルの上でネコマルがカタカタと小さく揺れて「静かにー！　今、三人は今月分のおこづかいの振り返り会をやってるからー！」と小声でミサキに訴えた。

ダイニングテーブルの前に座ったママとパパ、そしてタケルは、三人そろってスマホをのぞき込み、タケルのおこづかい帳を見ながら話し合っている。

――案外「振り返り」って難しいんだ。

タケルは何をどう発言していいのか分からず、思わず入ってきたミサキを見上げた。

ミサキのほうもため息をついている。「なんだかもう、うちにネコマルがいることが当たり前になっているな……」とでも思っているのだろうか。いまだにネコマルがお金の妖精だということを、受け入れられていない表情である。

それでも、なんだかんだ三人の振り返り会が気になるのか、ミサキも自分のスマホを触りながら、リビングのソファに腰掛けた。

ちらりとダイニングテーブルのほうに目をやると、案の定、三人の振り返り会はひどく難航しているように見えた。

三人の振り返り会は続く。

「コンビニのチョコは余計だったんじゃないか？」とハルト。「でも、1週間頑張ったごほうびに買ったんだよ。ムダ使いじゃない！」とタケル。「この『ショータくんへのプレゼント』というのはどうなのかしら。このあいだもショータくんにおごっていたみたいだし……」とユウコ。「でもショータ、今週誕生日だったんだよ。友達への誕生日プレゼントってムダ使いなのかな？」とタケル。

はーーーあ。三人は一斉にため息をついた。話がいっこうに進まない。


ミサキは「ほらね、やっぱりこうなった」という表情だ。アプリで記録し、月に一度親子で振り返り会をする。使い方はどうだったか、ムダはないか、みんなで考えてみる。その話を聞いたときから、ミサキは何か言いたそうな表情だったのだ。

あ、とそのときタケルは、ミサキの言いたいことに気づいた。

――どの出費が「ムダ使い」にあたるのか、誰が、どうやって決めるのだろう？

お金の使い方について、どれが「ムダ」で、どれが「ムダじゃない」のか。その「ムダ」はタケルが決めるのか、親が決めるのか。もしタケルが「これはお金を使うべきものだ」と思うものが、ユウコとハルトの目には「ムダ使い」に見えてしまったとしたら、どう説得したらいいのだろう。

「お金は貯金一択」と言ったミサキのことを思い出す。貯金しておけば、余計なことを考えずに済むと思ったのかもしれない、とタケルは思った。

その時、ネコマルが言った。

「いいね、いいね。三人とも、お金の使い方をどうやって振り返ればいいのか分からず、悩んでいるんだね。だったら『満足度』を指標にして、振り返ってみてはどうかな？」

「満足度？」

ソファに座ったミサキも含めて、家族四人が口をそろえてネコマルのほうを向く。

ネコマルは四人に向かって話し始めた。

例えば「１００円のチョコを１つ、コンビニで買った」というお金の使い方について考えてみよう。どうしても欲しいと思っていたチョコを、１週間頑張ったごほうびに買おうと決めるとする。実際に、頑張ったあとに買ったら、すごくうれしいし、来週もまた頑張ろうという気持ちにつながる。食べた瞬間においしい、といううれしさに加えて自分の心を満たしてくれるから、この買い物は満足度が高い。

一方、同じ「100円のチョコを1つ、コンビニで買った」という使い方でも、学校の帰りに友達みんなでコンビニに寄って、なんとなく何かを買う流れになったから、目の前のチョコを買った、という買い方だとどうだろうか。あとで振り返ったときに「別にあのとき買わなくてもよかったな」と思うかもしれない。こういうものは満足度が低い。

このように、お金を使ったことで自分の心が満たされたか、という満足度を指標にして、お金の使い方を振り返ってみてはどうかと、ネコマルは話した。

「そう考えてみると、先週のチョコは『1週間、チョコのために頑張って勉強しよう』と思って買ったから、満足度が高いんだけど、昨日のチョコは『先週も買ったし、今週もなんか食べたいな』となんとなく思って買っちゃった。これは、買わなくてもよかったかもしれない」

タケルは自分の買い物について振り返り始めた。

「ショータへのプレゼントは、去年のぼくの誕生日にショータからプレゼントをもらったから、絶対にお返ししたかったんだ。プレゼントをあげたことで自分がうれしくなったし、ショータにも感謝されたから、これは満足度の高い使い方だと思う」

タケルの振り返りを聞いたユウコは「じゃあショータくんへのプレゼントは、良いお金の使い方だったんだね！」と頷いている。

「ねえ、ネコマル」とタケルは話しかけた。

「こうやって振り返ってみると、同じ『週８００円』のおこづかいでも、すごく自分が満足できる使い方をできたときと、あんまり満足できないものに使っちゃったときの違いがあるって分かるよ。大切なお金だから、やっぱり自分の心を満たしてくれる使い方をしたいな」

ネコマルは「ほほ～」とうれしそうにのけぞり「タケル、１カ月で随分成長した、マルっ」とつぶやいた。

「自分の心をより満たすための、お金の使い方を考える」――そんなことを考えたこともなかった。自分が大人の仲間入りをしたようで、その瞬間タケルは誇らしい気持ちになった。

だけど……。

「……でもね……やっぱりぼく、お金を使うのが苦手みたい」

タケルがうなだれた。

「頑張って使い方を考えて、やりくりしていたんだけど、学校の図工の授業で指定の筆を買わなきゃいけないことをすっかり忘れてたんだ。来週までに買わないと、ぼく、図工の授業を受けられなくなる。なのに筆の分のお金が足りないんだ……失敗だよ」

タケルの言葉を聞いて、ネコマルが飛び上がった。

「どうしてそれが失敗なの？　お金が足りなくなったら、自分で稼げばいいじゃない！」

「だって……小学3年生だもん。稼ぐなんてできないよ」

ハルトとユウコも、う〜んと腕組みをする。

「そうねえ、ネコマル。アルバイトができる年齢でもないし……」

ネコマルはころころダイニングテーブルを転がり、テーブルの真ん中までたどり着く。

ドンとその場に座り込むように着地して言った。

「子どもだから稼げない、なんてことはないよ」

ネコマルいわく、アメリカでは各家庭の庭先や車庫で、大掃除などで出た不要品を売る「ヤードセール（Yard Sale）」や「ガレージセール（Garage Sale）」が頻繁に行われており、子どもたちが要らなくなったおもちゃや雑貨を出すこともあるという。自分にとっては不要品でも、ほかの人にとっては必要なものかもしれない。そういうものを見つけると「ありがとう」という気持ちを込めてお金と交換してもらえる。

「だからタケルも要らないものを売ってみたら？」

ネコマルに言われて、タケルはママのほうを見る。

「そうねえ、日本では家ごとに不要品販売をする習慣はあまりないけど、そういえば月末になると、町内の広場でフリーマーケットをよくやっているわよね。そこにタケルが売れると思うものを出品してみるのも、いいかもしれないわ」

ユウコがスマホで調べてみると、たしかに町内でフリーマーケットが行われている。ただし今月末の開催には、申請が間に合わず、これでは図工の授業には間に合わない。

タケルは肩を落とした。それを見て、ネコマルはユウコとハルトに目配せをする。

「誰かが困っていたり、必要だったりすることをしてあげると、『ありがとう』という気持ちを込めてお金と交換してもらえる。不要品販売以外で、タケルが、困っている人の力になれることはあるかな～？」

あっ、とユウコの表情が、何かに気づいたように明るく変わる。タケルはその変化に気づかず、肩を落としてうつむいたまま、「ぼく、小学3年生だよ。困っている人の力になれることなんて、ないよ」とつぶやく。

「それはどうかしら」

ユウコの声に、えっとタケルは顔を上げた。

「ママとパパ、困っているんだけど……ちょっと家のことに協力してくれない？　タケルにお願いしたい仕事があるのよ」

解説編

アプリを使った振り返りと、報酬制おこづかいの設定

ムダ使いで後悔したら、学びのチャンス

子どものムダ使いについて、気になってしまう親は多いと思います。しかし、お金をどのように使ったら「ムダ」なのか、子どもに説明できるか考えてみると、かなり難しいようにも思います。

そこで振り返りに大事なのが、ネコマルの言う「満足度」の指標です。例えば「子どもが毎月のおこづかいを、マンガばかりに使っている。もっといいお金の使い方をしてほしい」と考える親がいるかもしれません。しかし、その子にとってはマンガを買うことが、勉強や家のお手伝いをする原動力になっているかもしれないのです。マンガを読むことが日々の充実感ややる気につながっているのであれば、その子にとってマンガにお金を使うことは「満足度が高い」と判断できます。

このことを考えずに、親が一方的に「マンガにお金を使いすぎじゃない？　そんなム

ダ使いばかりしてはダメよ」と声をかけてしまうと、子どもの意欲を削《そ》いでしまうことにもつながります。

取り返しのつかないレベルの失敗でなければ、どんどん失敗して学んでもらうほうが、お金の使い方について考えるきっかけになります。毎月の振り返りで「今月は使いすぎてしまった」「このお菓子は要らなかったな」と自分で振り返ることによって、子どもが「自分の満足度を高めるためには、どのようにお金を使えばいいだろう？」と考え始めます。

子どもが後悔していたり「お金が足りなくなってしまった」と親に打ち明けてきたりするタイミングは、むしろ学びのチャンスです。頭ごなしに叱るのではなく「何に使ったの？」と一緒におこづかいアプリを見ながら、これは本当に欲しくて買ったのか、買ったあとも自分の心を満足させることにつながったのか、一つひとつ聞くのもよいと思います。そして「来月は、どうやったらもっとうまくお金が使えるだろう？」と一緒に考えてみるのです。

マンガを買うことが自分の心の充足につながっている子は「もっとマンガを買いたい」と言うかもしれません。一方「マンガよりも、もっとこういうことにお金を使いたい」と、本当に興味があることは何か、考え始めたり、気づいたりする子もいるはずです。

衝動買いが止まらない、と困っている子どもに対しては、欲しいと思った瞬間に買うのではなく、欲しいと思ったものをメモしておいて、少し時間をあけてから買うことをすすめるのも良い方法だと思います。例えば購入前に24時間待つ、というルールをつくっておくと、その間に欲求が落ち着くことがあります。

また、タケルくんのように「友達についおごってしまう」また「親の知らないところで友達におごらせていた」といったことは、小学生の間でよく起こる話です。

特にデジタルマネーが普及したことで、支払っている自覚が薄くなり「カードやスマホでピッとしたら、友達が喜んでくれたので」とついおごってしまう子どももいるといいます。食べ物のおごり合いだけでなく、最近ではゲームでの課金アイテムのやりとりがトラブルの原因となることもあります。

トラブル防止のためには、誰かにせびられたり、「お金を出して」と言われたりした場合は、親に相談するようにと伝えておくことが大事です。また、子どもが小さいうちは、気づかずに友達におごらせている場合もあるので「友達に買ってもらったら、必ず親に報告すること」とルール化しておくのもよいかもしれません。

どこまでおこづかいから出すのか、ルールのすり合わせを

おこづかいのルールが曖昧なために、親子げんかが起きるケースも多々あります。事前にルールを細かく話し合っておくことで、感情的な衝突をできるだけ防ぐことも大事です。

まず子どもにまつわるお金のなかで、どれを子どものおこづかいから出し、どれを親が支払うのか、事前にすり合わせておきます。学校用品や文房具についても「学校で使うものだけは親が出す」のか「参考書や文房具など勉強に使うものは上限なく親が出す」のか「必要最低限の文房具については親が出すが、気に入ったデザインのノートが欲しいなど、自分が欲しいものについては子どもが払う」のか、といったように、それぞれの方針に沿って具体的に決めておきます。

食事やお菓子代も「親が出すとき」「子どもが出すとき」の境界線が曖昧だと、トラブルになりやすいです。家族での食事や旅行など、親がしたいことや親の都合で子どもを連れていく場合は「お父さんとお母さんが食べたいものに付き合ってもらう」というシチュエーションなので、親が支払う。子どもが自分で欲しいときは、子どもが支払う。

このように明確に言語化しておくのがおすすめです。

子どもがおこづかいを使い果たしてしまい、しかし学校の用事や友達との約束で、どうしても追加でお金が必要となった場合は、親がその分を立て替え、次の月のおこづかいから引く、と決めておく。そうすると親が「なぜその分をとっておかなかったの！」と怒る必要がなくなります。額が大きければ、分割払いにして毎月決まった額を天引きしていくようなシステムにするのもありです。

親に泣きつきさえすれば、お金が無尽にもらえるという仕組みのもとでは、いくつになってもお金をやりくりする感覚は養われません。ルールさえ明確化しておけば、親子で感情的にぶつかることはなくなります。納得のいく基準はどこか、話し合ってみることが大切です。

とはいえ、そこまで決めても、子どもが明らかなムダ使いをしてしまうケースはあります。そんなときは子どもに「おこづかいで渡している、このお金はいったいどういうものなのか」と話すのもよいと思います。パパやママが家の外でどんなふうに働き、お金を手に入れているのか。どんな気持ちで子どもに託しているのか。お年玉の場合は、どんな思いでおじいちゃんやおばあちゃんが、お金を出してくれているのか……。

おこづかいの最終目的は、子どもに「お金を使っちゃダメ」と伝えることではありません。子どもが自分で考えて、自分の満足度を高められるような使い方をできるようになることがゴールです。目の前のお金の背景について説明しながら、親が感情的にならずに並走できる仕組みをつくることが大切です。

応援したいことや頑張りたいことに報酬制おこづかいを取り入れる

さて、山村家では定額のおこづかいに加えて「お手伝いや家の仕事をして、お金を稼ぐ」報酬制のおこづかいを導入することになったようです。

ママソレが実施したおこづかいに関するアンケートの「小学生のお小遣いの渡し方は?」では、月額制で渡している割合が38・7%と最も高く、続いて必要な際にその都度渡す割合が33・9%、報酬制(お手伝いや成績に応じて)で渡しているのは23・1%という結果になっていました。これによると月額制のおこづかいを取り入れている家庭が多いですが、報酬制のおこづかいを取り入れることは、お手伝いなどを通して、お金を稼ぐことの大変さやお金には限りがあることを学び、お金やモノを大切にするきっかけにもなります。さらに、親子で約束した仕事を、責任を持ってやり遂げることの大切さや、人の役に立つことの喜びに気づくことができます。

ただ、おこづかいの制度は、一度決めたらそれっきりというのではなくて、状況に応じて変化することが前提です。子どもの成長や使い方、定額制のおこづかいと報酬制とのバランスなどを考えたうえで、その都度見直すことが重要です。

報酬制のおこづかいを取り入れるポイントは次の４つです。

【ポイント１】どの仕事に報酬を設定するかは、子どもと決めること

お金を稼ぐことだけが目的にならないよう「仕事を通して責任感やお金の価値を学ぶこと」をゴールにします。そのうえで、頑張りや成果に対して報酬を支払うことを子どもに伝えましょう。

子どもが自ら進んで選ぶことに報酬を設定することが、やる気の維持や挑戦する意欲を高めるために重要です。まずは子どもがやりたいと思う仕事を決め、次に家族が希望する仕事や勉強を提案し、子どもが自ら仕事を選ぶようにします。すると「自分で選んだ仕事だから、しっかりやろう！」という気持ちが自然に湧いてくるはずです。

どんなことが報酬制のおこづかいの対象になるのか、いくつか例を挙げます。

〈お手伝い〉

お風呂掃除、トイレ掃除／食事の配膳、皿洗い／洗濯物を干す・たたむ／拭き掃除、掃除機かけ／料理、献立を考える／ゴミ捨て／犬の散歩、餌やりなどペットの世話／きょうだいのシッターや家庭教師

〈生活習慣〉

起床時間、就寝時間を守る／きょうだいげんかをしないで話し合う

〈習い事、課外活動〉

ピアノ、ヴァイオリンなど音楽の練習／素振り、リフティングなどスポーツの練習／ランニング／ボランティアに参加

〈勉強〉

学校の宿題や予習・復習／塾の宿題／読書

【ポイント2】親が応援したいことや、子どもが「やらなければ」と思っていることに、報酬制のおこづかいを取り入れる

親が「これを頑張ってほしい」と思っていることや、子ども自身が「やらなければ」と感じつつも、なかなかやる気が起きないことを「仕事」として設定するのもおすすめです。報酬制おこづかいという外的インセンティブが、最初の行動を起こすきっかけとなります。さらに行動を積み重ねることで、自発的に行動しようという内的インセンティブが強化され、正のサイクルが生まれやすくなります。

例えば「早起きをしたほうがよいのは分かっているけれど、なかなか夜更《よふ》かしがやめられない」子どもに対して、自分で早起きをしたら報酬制のおこづかいを渡す、というルールを取り入れたとします。

最初のうちはおこづかいが欲しくて、早起きをするはずです。しかし、そのうちに、夜型の生活よりも早起きをして一日を始めたほうが、一日を有意義に使えることに気づきます。するとおこづかいがなくても、自分で早起きをするようになるのです。

【ポイント3】成果より行動を大切にする

「テストで○点以上」「コンクールで入賞」といった成果に対する報酬は、運に左右されることもあり、時には失敗体験につながってしまいます。それよりも「週に○回練習をする」「一日○ページ問題集を解く」のように、成果よりも行動を対象にしたほうが具体的で、子どももより取り組みやすくなります。

成果より行動にインセンティブを与えたほうが、成果にも効果的であることは研究によって示されています。教育経済学を専門にする慶應義塾大学の中室牧子氏は、著書『「学力」の経済学』（ディスカヴァー・トゥエンティワン）のなかで、「テストでいい点を取ればご褒美《ほうび》をあげます」というようにアウトプットに報酬を与えるよりも、「本を1冊読んだらご褒美をあげます」というようにインプットに報酬を与えたほうが、学力テストの結果が良くなった、というハーバード大学のフライヤー教授の実験を紹介しています。

具体的な行動に報酬を与えるほうが、子どもにとっては何をすべきか明確に分かり、行動できるようになる。その積み重ねが成果にもつながる、というわけです。

【ポイント4】仕事内容に応じて報酬を変える

仕事内容に合わせて報酬額を変えると、どんな仕事の報酬が高くなるのか、学ぶことができます。これは現実世界にも則したルールです。

例えば、次のような基準で仕事内容を比較し、報酬額を設定します。

・自分のためか、他人のためか：生活習慣、習い事、勉強は自分のためなので報酬額は低め、お手伝いは他人のためなので高め
・所要時間：すぐに終わる仕事の報酬額は低め、時間がかかる場合は高め
・難易度：誰でも簡単にできる仕事の報酬額は低め、技術がいるなど難しい場合は高め

報酬額は、週に1回、毎日など、仕事の頻度を決めたうえで、達成したときの合計金額を目安に考えます。年齢や学年が上がるタイミングでおこづかいの金額や仕事内容を見直していきます。

例えば小学生の場合、1回につき50円（毎日達成した場合、月1500円）、中学生の場合、1回につき100円（毎日達成した場合、月3000円）、高校生の場合、1

回につき200円（毎日達成した場合、月6000円）などを目安にして設定してみるとよいと思います。

ただし、定額制のおこづかいで年齢×100円×4を渡し、さらに報酬制も追加すると与えすぎになってしまうことも考えられます。目安としては、定額制と報酬制を合わせて年齢×100円×4になるくらいに調整するのが理想的です。

さらに仕事内容やお金の渡し方（定額制と報酬制の比率）は、定期的に見直すことが大事です。仕事を続けるなかで子どもが内的なモチベーションで動けるようになったものに対してはやり続けなくていいと思います。

定額制のおこづかいに加えて報酬制のおこづかいも併用することは、ただ単にお金を稼ぐということではありません。仕事でお金を得ることを通じて、働く意味を理解することができるようになります。お金に賢くなって、幸せに生きていけるようにするのが本来の目的なので、おこづかいの制度は子どもの成長に合わせて変わっていくことが必要です。

お金は、誰かと誰かの「ありがとう」のつながりの証《あかし》

休日。友達のヒロとショータと待ち合わせていたタケルは、ヒロの「ちょっとコンビニでジュース買いたい」という言葉に「じゃあぼくは、店の前で待ってる」と返した。

「えええーっ。タケル、買わないの？　お前、コンビニでいつもチョコ買うじゃん」

驚くヒロの前で、タケルは言う。

「今日はいいや。あまり欲しくないから。でも来週末は買うんだ。新作のチョコが出るの、今から楽しみにしてるからさ」

「へえ、そうなんだ。前はコンビニに入るたびにチョコ買ってたのに、なんかタケル、変わったな」

ショータの言葉に、タケルはなんだか照れくさいような気持ちになった。


２日でおこづかいを使い果たしたあの日から、３カ月が経った。お金を使うたびに、おこづかいアプリで何を買ったのか記録をすることが、すっかりタケルの習慣になって

いる。

月に一度の振り返りのたび、タケルは毎回新たな気づきを得ていた。

「なんとなく買うチョコはムダ使いだけど、『これを買うために頑張ろう』と決めて買うご褒美チョコは、自分の生活を豊かにしてくれる」

「水筒を持っていくのを忘れると自販機でいちいち飲み物を買わなきゃいけないから、忘れないようにしよう」

「カッコつけるためだけに友達におごるのは、カッコ良くない」

さらにおこづかいアプリをユウコとハルトと共有したことで、平日は仕事で忙しいユウコとハルトが、タケルの生活について些細《ささい》な変化に気づいてくれるようになった。

「新作のチョコ、買ったんだね。おいしかった？」

「図工の筆、ちゃんと買えたんだね。なんの絵を描いたの？」

と買い物をきっかけに会話も弾んでいる。

タケルはあれから、部屋の掃除と食事の後片付け、学校の宿題を帰宅後すぐに終わらせることを「仕事」として取り組むようになり、報酬制のおこづかいも得るようになった。自主的に掃除や食事の後片付けをやるようになってユウコとハルトは助かっているらしい。何より、毎日ユウコが「宿題やった？」と聞かなくても、自分からやるようになったのがうれしいと、ユウコは言っている。

４月には「タケルにはおこづかい制は早いのかもしれない……」と悩んでいたユウコとハルトだが、今となっては「おこづかい制にして良かった」と思い始めているそうだ。

「ねえ、ネコマル。お金っていったいなんなんだろうね」

ネコマルと二人きりのリビングで、タケルがネコマルに話しかけた。

「ぼく、お金はママとパパにもらって、自分の好きなものを買うためのものだと思っていたんだ。でも、自分でお手伝いや勉強をしてお金を稼ぐこともできるし、自分のためだけじゃなくて誰かにプレゼントをして、もっとうれしい気持ちになることもできる……。いったいなんなんだろう、と思ってさ」

そうだねえ、と少し考えてから、タケルの疑問にネコマルはこう答えた。

「ネコマルは、お金とは、人と人との『ありがとう』のつながりの証だと思う、マルっ」

一人ではできなくて困っていた人が、誰かに助けてもらって「ありがとう」。欲しかったジュースを、手に入れられて「ありがとう」。誰かに何かをしてあげたい気持ちと、してもらった人の感謝の気持ちが交差し「ありがとう」が生まれる。その結節点が「お金」というものなのだとネコマルは話した。

「ママとパパからもらうおこづかいも、ママとパパが仕事を通じて手に入れたもの。つまり、ママやパパと、その先にいる誰かの『ありがとう』のつながりの証なんだね。そう思うと、どうでもよいものに使うんじゃなくて、ぼくが本当に満足するものに使おうと思えてくるなあ」

タケルはランドセルの脇につけたカードケースから、プリペイドカードを取り出し、頭上に掲げる。

――これは魔法のカードじゃない。このなかの「お金」には、いろんな人の「ありがとう」の気持ちが詰まっているんだ。

ネコマルはタケルを見ながら、うふふ、とうれしそうにカタカタ体を揺らした。

「タケルは振り返りを通じて、どんなお金の使い方をすれば自分の満足度が最大化できるかを考えるようになった。ママとパパは、タケルにお金を任せて見守る方法を、習得した。親子で幸せなお金の使い方ができるようになるための、大きな一歩目を踏み出せた、マルっ！」

第2章

～おこづかいは貯金一択？～

デジタル時代の
お金の貯め方、ふやし方

「賢く」使えば、お金をもっとふやすことができる

マンションの駐車場から外に出たミサキは、うーんと思い切り体を反らして伸びをした。外は真夏の太陽が高く昇り、アスファルトの上にはもやもやとした湯気のようなゆらめきが立ち上っている。気がつかないうちに随分日焼けをしたのだろうか、首の後ろがヒリヒリと痛んだ。

夏休み。2泊3日のキャンプ旅行から山村家の四人が帰宅し、リビングに入ると、ネコマルがごろりと床に寝転び、勝手にテレビをつけて通販番組を観ていた。

「ネコマルも行きたかったな〜キャンプぅ。大自然、堪能したかったなぁ」

出かけるときにも散々文句を聞いたが、まだ一人留守番させられた恨みが止まらないらしい。ミサキはネコマルを踏まないように注意しながらソファに座り、そのままごろりと寝転がった。

タケルはかわいそうに、とでも言うかのように、ネコマルの背中をぽんぽんとたたいている。

「あれ？　タケルもミサキも、なんだか日焼けして、ずいぶん大人っぽい顔になってる。たくさん遊んだみたいだね」

タケルは得意げな表情で「ぼくはね、キャンプ場の近くにきれいな川があったから、川遊びをいっぱいしたよ。あっ、ぼくが自分のおこづかいからお金を出して、アユ釣り体験をしたんだ」と答えている。

アユ、という言葉にネコマルはむくっと起き上がった。妖精でもいちおうネコマルという名前だけあって、魚には目がないらしい。気のせいか、じゅるり、と舌なめずりをする音が聞こえる。

「アユ釣り、いいなあ。そういえばタケルも魚が好きだもんね」

「うん。初めて自分で魚を釣ることができて、楽しかったあ」

ネコマルがミサキのほうに目をやった。

「ねえミサキは、旅行先で、何か自分のおこづかいで買ったり体験したりしたの？」

ミサキはスマホに目をやったまま、ううん、と頭を振った。

「何にも使ってないわよ。だって、もったいないじゃない。私にとって、おこづかいは貯金一択だから」

「ふうん……そう……」

ミサキとネコマルのやりとりを見ていたハルトは、大きな旅行カバンから洋服を取り出しながら言った。

「なあ、ミサキ。ミサキもおこづかいを、自分の好きなことに使ってもいいんだぞ」

「何よパパ。今は先の見えない時代なのよ。お金はちゃんと貯金しないと」

「う、う〜ん……。でも、お金をたくさん持っていることが、必ずしも幸せってことじゃないだろう？　今しかできない経験にお金を使うのも、悪くないとパパは思うなあ」

ミサキは、リビングの真ん中に突っ伏すように寝転がったタケルを見た。床に自由帳を広げて、一心不乱に絵を描いている。夏休みの宿題で課された絵日記に、アユ釣りのときの絵を描いているようだ。魚の細かなうろこの描写が、なかなか上手だ。

以前はお菓子ばかり買っていたタケルだが、最近は魚や昆虫などの生き物に興味が出てきたようで、昆虫採集に行ったり、魚の図鑑を買ったりすることに、自分のおこづかいを使うようになった。キャンプ場が1回1000円で提供していたアユ釣り体験は、ミサキにとっては割高に思えたが、タケルにとっては「満足度の高い」お金の使い方だったのかもしれない。

タケルのように、自分のしたいこと、興味のあることにお金を使うのも、きっと悪くない。だけど……。ミサキはスマホをソファの端に放り、起き上がった。

「私、ほんとはお金を使うのが怖いの。お金を使い果たして、この先何か起きたらどうしようって不安に思ってばっかりだし。それに、ちょっと欲しいなと思うものがあっても『もしあとで要らなくなったらどうしよう。こんなものにお金をムダ使いするんじゃなかった、って後悔するかもしれない』なんてぐるぐると考えてしまうと、買うのに躊躇《ちゅう》躇《ちょ》しちゃう。中学校では仲良しグループでおそろいのものを買わなきゃいけないような空気があったり、食べたくないのに一緒にお菓子を食べなきゃいけない雰囲気になったりするの。そういうのに自分のお金を使うのが、私はすごくいやなんだ。いろいろ考えて疲れるくらいなら、もう、おこづかいは全部、貯金に回そうって思ったの」

タケル、ハルト、そしてキッチンにいたユウコも、ミサキの唐突な告白に黙り込んだ。これまであまりお金を使わずにいた背景にそんな思いがあったとは、気づきもしなかったようだ。

「……私、なんかヘンだよね。お金を使うのが怖い、なんて……」

すると、よいしょ、よいしょ、と小さな掛け声とともに、ネコマルが体をゆすりながら、ソファのほうに向かって移動してくる。そしてソファにぴょんと飛び乗り、〝招くポーズ〟になっている右腕をミサキの体のほうに伸ばしながら、えい、えいとジャンプした。

「……何してるの、ネコマル」

「ううう、届かない」

「……私に抱っこしてほしいの？」

「違うぅ。ミサキの頭をなでなでしたいの」

――なんで？

リビングの上を、家族みんなのクエスチョンマークが飛び交う。

「だって、ミサキ、えらいじゃん。お金を貯められるってすごいことだよ。ミサキはその場の誘惑に流されず、自分のお金を大切にする習慣がちゃんとあるってことだから。ネコマルはミサキを褒めてあげたいよう」

……そうだ。そうだよね。と、ユウコとハルトは頷いた。

「ミサキはちっともヘンじゃない。貯金ができるってすごいことよ。ネコマルの言うとおりだわ」

ミサキの胸がじんわりと温かくなる。

ミサキの頭に向かって一生懸命腕を伸ばしていたネコマルだが、置物の体ではどうやっても届かないと諦めた。ソファにどんと腰を下ろして言った。

「でもね、ミサキ、お金は賢く使うと、ふやすこともできるんだよ」

ネコマルは「お金を使って知識やスキルを身につけたり、経験を増やしたりすることで、その後、何倍にもなって返ってくることがある」と語り出した。

例えば今、ミサキの手元に100万円の現金があったとする。これを10年間、机のなかで保管したとしたら、10年後には変わらずに100万円が手元に残る。

ただし貯めたお金を銀行に預けると、預金に対して一定額の利子がもらえる。利子とは、お金を貸した人がその報酬として、借りた人から受け取るお金で、利息ともいう。

銀行にお金を預けると、銀行から「貸してくれてありがとう」と、決まった額の利子がもらえるが、預金金利（預けたお金に対してどれくらいの割合で利子が支払われるのかを表した数字）は、普通預金だと0・125%程度。100万円を金利0・125%で預けた場合、もらえる利子は1250円程度だ。

一方、その100万円を使って、例えばコンピュータのプログラミングについて学び、専門的な知識やスキルを身につけたとする。するとプログラマーとして働くことができるようになり、10年後は年収500万円を稼げるようになるかもしれない。100万円を使うことで、将来年間500万円のお金を生み出すことができる、というわけだ。

もし100万円を使って旅行をすれば、いろいろなバックグラウンドを持つ人たちと仲良くなる機会もあるだろう。そのつながりが新たな仕事や収入を生み出すことも考えられる。もちろん、お金を使うことによって、お金には換算できないような、人生の豊かさがもたらされるとも考えられる。

また、お金を使って体験の幅を広げることで、自分の興味のあることや、没頭できることが見つかるかもしれない。そこから将来の仕事につながる可能性も……。

つまり、お金は使えば一時的に減るが、将来的に自分のところに何倍にもなって返ってくる可能性があるということである。


「今の話は分かったけど……でもね」

ネコマルの話を真剣な表情で聞いていたミサキだが、「使い始めたら、歯止めなく使っちゃいそうで不安なのよね」と肩を落とした。

「それならいい方法があるよ。最初から目的別に〝お財布〟を分けておけばいいんだ」

もらったおこづかいをどんどん使って、余った分は貯金する、というやり方だと、どの程度お金を使ってよいのか分からず、日々のお金のやりくりも難しくなる。そこで、ママとパパからプリペイドカードにおこづかいが振り込まれたら、貯金用のお金を先取りで別の口座やアプリの貯金用機能などに振り込んでしまうのだという。

ネコマルのおすすめは貯金だけでなく、日々のおこづかいを「４つのお財布に分ける」方法だそうだ。

1　使う：日々の必要なものや欲しいものを買うためのお金
〈おこづかいの50％〉

2　貯める：計画的にお金を蓄える習慣をつける、大きな目的や急な出費に備えるためのお金
〈おこづかいの20％〉

3　ふやす：自分の経験や知識・スキルを増やす、お金をふやすためのお金（自己投資のお金／投資・資産運用のお金）
〈おこづかいの20％〉

4　寄付・プレゼントする：他者のためや社会貢献のために使うお金〈おこづかいの10%〉

13歳のミサキは、現在毎月のおこづかいとして5200円（「年齢（13）×100×4」円）もらっている。これを4つのお財布に振り分けると、毎月「使う」お金が2600円、「貯める」お金と「ふやす」お金がそれぞれ1040円ずつ、「寄付・プレゼントする」お金が520円、という計算になる。

あらかじめ「何にどれくらい使うか」「どれくらいの額を貯めておくか」を決めておくだけで、不安が解消され、ムダ使いを防ぐ効果ももたらされる。

ミサキは「ネコマルの言うように、先にお財布を分けておけば、お金を使いすぎてしまったらどうしよう、と悩む必要はないわ」と安堵《あんど》した。さらに「自分の経験や知識・スキルを増やすために月1040円使う」といったように、大切な目的と、使うお金のめどが分かるので、お金を使いやすくなりそうだと話した。

お金をあらかじめ「分ける」というのも、現金時代に比べてデジタルマネーのほうが簡単にできる。オンラインで使用できる口座などを使ってもよいが、ミサキの使っているおこづかいアプリには、毎月決まった額を自動で送金して、貯金できる機能がある。これを利用すれば、すぐ使わないお金を事前に分けておくこともできる。

「ねえ、ネコマル。『ふやす』というお財布は、自己投資だけではなく、投資や資産運用にも使っていいのね。この『投資や資産運用』というのは、例えばパパがよくやっている投資のこと？」

「あーそっか、パパは株式投資をやっているんだね」

そう、ハルトは自分のお金の一部を投資に回し、お金の運用を行っているのだ。自己投資以外にも、ハルトのように投資をすれば、お金をふやすことができるのだろうか……。ミサキはだんだん、お金を使うことだけでなく、ふやすことにも関心を抱き始めた。

その様子を見たハルトが「じゃあ、パパがどんなふうに投資をしているか、一緒に見てみるか？」と声をかける。

ミサキは大きく頷いた。これまで「よく分からない」という理由で不安に包まれていたお金の世界。ネコマルの言葉を聞くたび、その不安のもやが晴れ、目の前が明るくなってくるかのようにミサキは感じた。

解説編

4つの財布「使う」「貯める」「ふやす」「寄付・プレゼントする」

アメリカの貯金箱は4つに区切られている

ネコマルはミサキさんに、あらかじめ貯金や投資など用途に応じた4つの財布に、お金を割り振っておくことを教えました。これは、アメリカの金融教育からヒントを得た方法です。アメリカではマネーリテラシーを育てるため、内側が4つに区切られた豚の貯金箱を使うことがあります。4つの区切りには、それぞれSave（貯める）、Spend（使う）、Donate（寄付する）、Invest（ふやす）と書かれています。

もともと貯金箱が区切られていれば、日々の買い物にお金を使いすぎて貯金ができなくなったり、逆に貯金ばかりしていて自己投資ができなくなったり、といった状況を防ぎ、バランスよくお金を配分できます。今、豚の貯金箱に入れようとしているお金は、消費を想定しているのか、ふやすことが目的なのか、といったことを意識して、お金のやりくりができる。そういう教育法です。

この、アメリカの貯金箱のやり方を転用したのが、おこづかいをもらったら目的に応じて4つの財布にあらかじめ割り振るというやり方です。

現金のおこづかいの場合、いちいちお金を分割するのは面倒かもしれません。一方、デジタルマネーの場合は、あらかじめ、よく使うプリペイドカードの使える上限を決めておいたり、ネットでほかの口座やカードに自動送金する設定をしたりしておけば、簡単に財布を分けることができます。デジタルマネーだからこそ、運用しやすい方法です。

もらったおこづかいを、4つの財布にどのような割合で分配するのかの目安は、すでにネコマルが教えたとおりです。ただし、この割合は、あくまでも目安です。具体的に「いつまでに、これを買いたい」といった貯金の目標がある場合は、目標に応じて貯金額を決めるのでも構いません。まずは目安を参考にトライしてみて、うまくいかなければ金額を変えていく、というように、年齢やシチュエーション、目的に応じて調整していくのがよいと思います。

おこづかいアプリで貯金

いざというときや大きめの出費に備えて、お金を貯めることは大切です。大人になって働くようになれば、退職や無収入のリスクに備えて、当面暮らしていける生活防衛資金を貯めたり、老後のための資金を貯金したりする必要があります。ただし生活を切り詰め、我慢をして節約することが必ずしも良いとは限りません。特に子どものうちはたくさんお金を貯めることよりも、貯金の習慣を身につけさせることのほうが大切です。

おこづかいアプリ上でも、貯金はできます。貯金の目標設定をして、積立貯金ができる機能が備わっているアプリが多いです。さらに私の手がけるおこづかいアプリでは、月ごとや曜日ごとに決まった金額を自動で送ることができる定期送金の機能も用意しました。これは、毎月月初などのおこづかいをもらった日に、自動で決めた額を貯金用の財布へ振り分けておくことができるように、工夫したものです。

一定額が貯まったら、子どもが貯金したお金を銀行に預けて、利子や利息について学ぶのも効果的です。銀行預金をして利子（利息）がついたときには、銀行の口座明細を親子で一緒に見ながら「銀行にお金を預けると、金利によって利息が受け取れること」について教えるのもよいと思います。

金利は、預けたお金が1年間でどれくらい増えるかを示しています。例えば、100円預けて1年後に1円ふえていたら、金利は1％になります。定期預金であれば普通預金よりも金利が高いため、利子がついたときの金額が大きく、分かりやすいのでおすすめです。このように、子どものお金を使って預金をしながら、金利や利子について説明すると、子どもにとっても理解しやすくなります。

自己投資で「没頭力」を育てる

投資のもともとの意味は、将来のリターンのためにお金を払うことを指します。子どもが小さいうちは、「ふやす」の財布のお金は、主に自己投資に使用するのがおすすめです。自分の成長につながる知識・経験にお金を使うことで、さまざまなリターンを得られる、ということを子どもに体感してもらいたいからです。

自己投資というと「ＩＴ社会でますますプログラミングスキルの需要が増えそうだから、プログラミングを勉強しよう」といったように、これから盛り上がる業界や将来性のありそうな分野への投資を連想しがちです。しかし私は、子どもたちにとって最も良い自己投資とは、自分の興味・関心のある分野にお金を使うことで「没頭できる力」を育てることだと考えています。

ＡＩや技術の発達により、これまで人間がやってきた労働を機械やロボットが肩代わりしてくれるような時代になっていくことが考えられます。これからの社会においては、自分の好きなことや興味のあることに没頭できる人材、また没頭した結果、既知の情報を処理するだけではなく新しいものを生み出す創造性を発揮できる人材が、ますます求められていくはずです。

この考えは、私自身を反面教師にしているところもあります。幼い頃の私は、さほど自分の興味にのめり込むようなことはなく、「人に言われたから、やる」というような子どもでした。自分で考えたり判断したりすることを積極的にし始め、何かに没頭するようになったのは、大人になってからです。だからこそ、「自分は遠回りしてしまったけれど、子どもたちは遠回りしないで済むようにしてやりたい」と思うとともに、子どもたちにとって、将来が希望であふれる日本であってほしいと、心の底から思うようになりました。子どもの興味・関心の方向性を大切にしながら、主体性とやる気が育っていくような関わり方をしたいというのが今の私の考えです。

マンガ、工作、映画、昆虫、プログラミング、読書……。子どもの興味は多種多様に移り変わっていきますが、その子が「これだ」とのめり込む瞬間があるはずです。我が子がどんな方向に興味を持っているのかを引き出しながら、自分の興味に没頭するための自己投資を応援する。場合によってはそのために特別におこづかいのルールを決めて、お金の面でサポートするのもよいと思います。

ネットでもできる「投資」の世界

「自己投資」とは別に、株式、債券、投資信託などの金融資産に、将来のリターンを期待してお金を投じるという意味の「投資」もあります。近頃は投資や資産運用の言葉を目にすることが増え、大人でも「そろそろ投資を始めたほうがいいのかな」と考えている人もいるかもしれません。

まずは貯金と投資がどのように違うのか、３つの観点から考えてみます。

・流動性：必要時にすぐ換金できるか
・安全性：元本や利息の支払いが確実か
・収益性：期待できる収益の大きさ

貯金と株式、どちらが○か、と単純に比べられるものではありません。それぞれの特性を理解しながら、目的に応じて貯金と株式を使い分けることが重要です。

高校生や18歳未満の未成年でも、株取引ができる未成年口座などの証券口座を開設す

貯金と株式の比較

	安全性	収益性	流動性
貯金	◎	△	◎
株式	△	◎	○

金融庁「高校生のための金融リテラシー講座」より作成

ることはできます。しかし私が推奨したいのは、社会や経済への興味を育てるために子どもの興味のあるサービスやお気に入りの商品を扱っている企業に、子どもの代わりに親が投資をしてあげることです。

投資先は子どもと一緒に相談して決めます。子どもに身近な商品やテーマパークなどがあれば、一緒にその製造元や提供元を調べてみて、その会社が上場している場合は、さらに株価を調べます。実際の取引では100株単位の資金が必要になる場合が多いため、まずは10株から、1株からなどの少額から買えるサービスを選んでスタートしてみるのがよいと思います。

また貯めてあるお年玉を、個別株とインデックス投資に分けて、値動きの違いを定期的に実践から体感するというのも良いと思います。

我が家のケースでは、好きなテーマパークを運営する会社の個別株とインデックスを買ったものの、個別株が大きく下がり、

「インデックスを買っておいてよかったね。分散が大事なんだ」という話も親子でできています。また子どもが海外旅行に行きたいというので、「今回の費用は親だけでは足りないから、あなたにも少し自分のお金を使ってほしい。自分でお金を払うと、『自分でできた！』って自信がつくし、次に何か買うときもうまく考えられるようになるよ」と言ってみたら、この投資したお金から2万円出してくれたりもしています。

そうやって子どもの関心のある企業に投資しながら、子どもに株式投資の説明をしてあげると理解しやすくなります。例えば「株式投資とは、みんなの役に立つ商品やサービスを提供している会社に対して、株主になって応援すること」「会社に対して資金を提供したということだから、株主はその会社のオーナーでもあるんだね」と説明します。「我が家は〇〇社のオーナーになって、応援をしているんだ」と分かると、値上がり、値下がりなどの動向にも興味が湧いてきます。「儲《もう》かりそうだから」と株価の値動きにお金を投じる「投機」ではなく、株式投資を通じて社会の仕組みや経済の動きに関心を持たせる方向で、親子で投資をしてみるのです。

株式取引を始めるときは、金融商品取引業者（主に証券会社）で口座を開設する必要がありますが、いまや株式取引もネットで気軽に始めることができます。いつでも時間があるときに注文できるのがネット証券の良いところです。コールセンターなどを通して分からないことを質問することができますので、自分に合った商品や証券会社を探してみるとよいと思います。

他人にお金を使うと幸福度が上がる

4つの財布のなかで、日本人にとって最もなじみが薄いのが、寄付という概念です。近年ではクラウドファンディングやふるさと納税を通じて、寄付をしたことがあるという人も増えているかもしれません。寄付のことをもっと子どもたちになじみのある伝え方をすると、4つ目の財布は「プレゼント」と表現することもできます。

カナダのブリティッシュコロンビア大学の心理学部准教授のエリザベス・ダン氏とハーバード・ビジネススクールのマーケティング学准教授のマイケル・ノートン氏は、著書『「幸せをお金で買う」5つの授業』（KADOKAWA／中経出版）のなかで幸福になるためのお金の使い方として「経験を買う」「ご褒美にする」「時間を買う」「先に支払って、あとで消費する」「他人に投資する」の5つの原則を挙げています。

5つ目の「他人に投資する」とはつまり、他人のためにお金を使うことです。研究により、他人のために お金を使うと、自分自身にお金を使うよりもっと大きな幸福感が得られることが証明されているといいます。

例えば母親の誕生日プレゼントを買うのに、父親がすべてお金を出すのではなく、子どもにも少しお金を出してもらえないかと聞いてみると、子どもは意外と「ママにプレゼントをあげたい」と言って喜ぶことがあります。そして料金の一部を子どものおこづかいで支払ったプレゼントを渡す。母親が「うれしい、ありがとう」と喜んで子どもに伝える。その言葉を聞いて、子どもはまた「自分のお金でママを喜ばせてあげられた」と幸せを感じるのです。

家族や友達と一緒に遊ぶ経験にお金を出すことで、かけがえのない思い出が残り、あとから思い出すたびに楽しい気持ちになることができる。これも、幸せなお金の使い方の一つです。

寄付やプレゼントにお金を使う習慣がなかなかない人も多いかもしれません。しかし、おこづかいをもらった時点で「誰かのために使うお金」と財布に分けておくルールにすれば、「どんな人のために、どのようにお金を使おうか」と、自然に子どもが考えるようになります。誰かのためにお金を使うと幸せを感じられる、ということは、マネーリテラシーの一つとして、子どもに伝えたいポイントです。

同調圧力とどのように向き合うか

ミサキさんは「中学校では仲良しグループでおそろいのものを買わなきゃいけないような空気があったり、食べたくないのに一緒にお菓子を食べなきゃいけない雰囲気になったりする」と話していました。ミサキさんのように、周りの友達との関係のなかで、お金の使い方に悩む中高生は多くいます。

例えば学校帰りにファストフード店に誘われて、みんなが飲み物とポテトを頼んでいるのに自分だけ飲み物単品だと、友達から気を使われてしまうといった中学生や、本当は欲しいとは思えないけれど友達とおそろいのグッズを身につけないと仲間はずれにされるのではと悩む中学生など、さまざまです。

親としては、みんなが持っているものを「お金」を理由に子どもが手に入れられないのはかわいそうだと思ってしまうかもしれません。私も親としては、いきすぎない限り、子どもがみんなと同じものを楽しむのもよい、と考えています。

しかし、もし子どもが、本当は欲しくないのに「友達が買っているから、私も買わなければ」と思い、苦しんでいるとしたら「そんなに頑張って周りの人に合わせなくてもいいんだよ」「あなたのお金は、あなた自身がどのように使うかを決めていいんだからね」と、話すことが大切です。

日本にはあらゆる場所で「みんなと同じでなければいけない」という同調圧力の問題があります。しかし「みんなが買っているから買う」を習慣にしてしまうと、自分で考える力や判断する力はなかなか養われません。

おこづかいアプリを使って日々の振り返りを行い、自分にとって本当に必要なもの、満足度を高めてくれるものを冷静に知ることで、お金を出すときの意識や判断も徐々に変わっていくと思います。こうした振り返りの習慣化や、自分の満足度を高めてくれるお金の使い方を考えていくことが、「みんな一緒」の空気に流されない自分にもつながっていくはずです。

部活や習い事などで友達付き合いが増える中高生の時期は、「友達との付き合い方」と「お金の使い方」をあわせて考え、学ぶ、とても良い期間です。これは自分にとって本当に必要か？　今うれしいだけではなく、長期的な満足につながるか？　このように、時間軸を延ばして考えてみることもすすめてみてください。

好きなこと・得意なことから、自分で仕事をつくってみる

――あと1000円あれば、この本も買えたんだけど……。

書店で立ち読みをしていたミサキは、残念な気持ちのまま一冊の本を閉じ、本棚に戻した。表紙には『中学生からトライ！　日常で使える英会話』と本のタイトルが書かれている。今月はお預けね、と心のなかでつぶやく。

あれからミサキは、毎月のおこづかいをもらうと、すぐに「4つのお財布に分ける」ことを始めた。「使う」「貯める」「ふやす」「寄付・プレゼントする」の4つにあらかじめ予算を割り振っておくことで、貯金は堅実に続けながらも、自分の好きなことや興味のあることに対して以前よりもお金を使うようになった。

この習慣を始めて、ミサキが気づいたことがある。意識せずに「英語」や「語学」に関する本ばかり手に取っていたことだ。考えてみたら、中学校に入学して以来、ネイティブスピーカーの英語教師の授業をいつも楽しみにしている。先生が、アメリカでの暮らしや英語ならではの表現について話してくれるのを、ミサキは熱心に聞いていた。

――私は知らず知らずのうちに、英語の世界に惹《ひ》かれていたのかもしれない。

自分の興味・関心のあることに没頭し、知識やスキル、経験を増やすことで将来何倍にもなって返ってくることがある――ネコマルの教えどおり、英語に関するものや体験にお金を使うときは、「ふやす」のお財布からもお金を使うようにしている。

ハルトに頼んで、自分が好きなキャラクターを展開している会社の個別株を買ってもらい、上がり下がりを一緒に見てみることも始めた。自分が好きな会社のオーナーの一人になった（正確にはハルトが、だが）と思うと、なんだか大人の世界に一歩踏み出したようで、ミサキはドキドキしている。

おこづかいをもらったら「貯金一択」だったミサキが、自分のためにお金を使うようになった。なんだか毎日がより充実し出したようにミサキには感じられる。今はもっと、もっと英語の世界に触れたい。

だけど……、もちろんおこづかいだけでは限界がある。

ミサキが帰宅すると、ネコマルはソファに座って通販番組を観ていた。

「……ネコマルって通販、好きよね」

ネコマルは「いろんな商品があってワクワクしちゃうんだよ」と声を弾ませて答えた。

はーあ、とミサキがため息をつく。

「私ってわがままなのかな。自分の将来に向けてお金を使うことが楽しくなってきたら、今度は『もっともっと、自分のお金をふやしたい』と思うようになっちゃったの」

報酬制のおこづかいとして、ミサキはゴミ捨てと拭き掃除の仕事を担当しているものの、掃除の機会は頑張っても一日に一度で、そこまで大きくお金をふやすことはできない。またハルトの株式投資の様子を見ていると、株とは一方向に価値が高まっていくのではなく、日々上がり下がりがあるのがよく分かり、株式投資だけでお金をふやすのは難しいのだろうとも感じ始めていた。

あと1000円。あの英語の本が買えるくらいのお金を、自分の力で手に入れてみたい。自分でお金を稼ぐ方法はないものか、ミサキはこの頃ずっと考えていたのだ。まず思いつくのはアルバイトだが、中学生の間は原則アルバイトが禁止されている。

「前にネコマル、『子どもだから稼げない、なんてことはない』と言って、アメリカの不要品販売の話をタケルにしていたでしょ？　それで思い出したんだけど、中学の先輩で、フリマアプリで要らないものを売ってお金を稼いだ、と言っている人がいたの。私もそんなふうに自分でお金を稼げないかな、と思って」

ネコマルはミサキの言葉に「おおっ」とうれしそうに身を乗り出した。身を乗り出しすぎてバランスを崩し、ソファから落ちそうになる。ミサキが「ちょっと、気をつけて」と両手で支えた。

「あぶない、あぶない。……いやあ、うれしくて思わず前のめりになっちゃったよ」

「うれしい？」

「ミサキがお金をふやすことに興味を持ってくれて」

たしかに未成年者でも、親の同意があれば使用できるフリマアプリはある。ただし、フリマアプリのように見えない個人間でお金をやりとりする際には注意も必要だ。あらかじめフリマアプリのリスクや気をつけるべきところを学んでからトライしてみては、とネコマルは助言した。

「そうね。あとは……家での仕事を増やすしかないわね。ゴミ捨てと拭き掃除以外にも何か……。そうだタケルの仕事を奪うか……」

とミサキが眼光鋭く見るので、ネコマルは慌てて、ダメダメと体を揺らした。

「自分で仕事をつくってみたら？」

「自分で仕事をつくる……どうやって？」

「困っていることを助けてもらったり、うれしいことをしてもらったりしたときの『ありがとう』の証が、お金。つまり？」

ネコマルの問いかけに、少し考えたミサキは、あっと声を出した。

「ママとパパが困っていることを聞いて、私にできることがあれば代わりにやってあげる。ママとパパから『ありがとう』の証に、お金をもらう。これが『自分で仕事をつくる』ということね！」

ネコマルはうんうんと頷いた。ミサキは「ママとパパ、何に困っているかな。ママは最近、仕事から帰るのが遅い時間になって、なかなかスーパーに行けないと言って困っていたから『ママに買いたいものを聞いて、スーパーで代わりに買い物をする』というのも、仕事になるかしら」とさっそく考え始めている。

ネコマルはミサキの様子を見て、言った。

「ねえミサキ。ママとパパが困っていることを考えるのは、たしかに大切なことだね。ただ、どうせやるなら、ミサキが興味を持っていることや、得意なことを仕事にしたほうが、楽しく働けると思うよ」

得意なことや、興味を持っていること。

その言葉を聞いて、ミサキの頭にまず浮かんだのが英語だった。もしミサキが英語を習得していれば、英語で道案内をしたり、タケルの家庭教師をしたりすることが「仕事」になるかもしれない。しかし今まだ勉強中で、誰かの役に立てる段階ではない。

ほかに得意なことや、興味のあること……。

ミサキは、ふと小学6年生のときに、地域のおしごと体験教室でカフェ店員を体験したことを思い出した。そのとき、インスタントコーヒーと泡立てたミルクを使った、簡単なカフェラテのつくり方や、ラテアートの仕方を教わったのだ。

家に帰ってきてユウコとハルトにつくってあげたら、とても喜んだことを覚えている。そういえばユウコは「仕事から疲れて帰ってきた日に、こんなカフェラテを家で飲めたらいいのにねえ」と言っていた。

――カフェラテなどのドリンクと、手作りのお菓子を出す「おうちカフェ」を始めてみるのはどうかしら。お客さんはママとパパと、タケル。そうだ、おじいちゃんとおばあちゃんも、休日に呼んで……。

想像もしていなかったアイデアが浮かび、ミサキはつま先を上下に弾ませた。これまでとは違う自分の世界が、広がっていく予感がした。

解説編

お金を自分で稼ぐ力を身につける

中高生に普及しているポイ活やフリマアプリ

おこづかいやアルバイト以外でも、子どもがお金を得る手段はあります。近年、中高生がよく行っているのは、ポイ活やフリマアプリのようです。

Studyplusトレンド研究所が２０２３年に中高生約３０００人を対象に調査したところ、おこづかいやアルバイト以外で「自分の自由に使えるお金を得る」ための活動として、最も多かったのが「ポイ活」で40・7％、続いて「ネットフリマ・オークションサービスへの出品」が34・5％という結果になりました。

ポイ活とは、ネットショッピングや、ポイントサイトでのさまざまなタスクをこなすことでポイントを貯める活動のことです。貯めたポイントをデジタルマネーに換金することができます。

おこづかいやアルバイト以外で「自分の自由に使えるお金を得る」ための活動

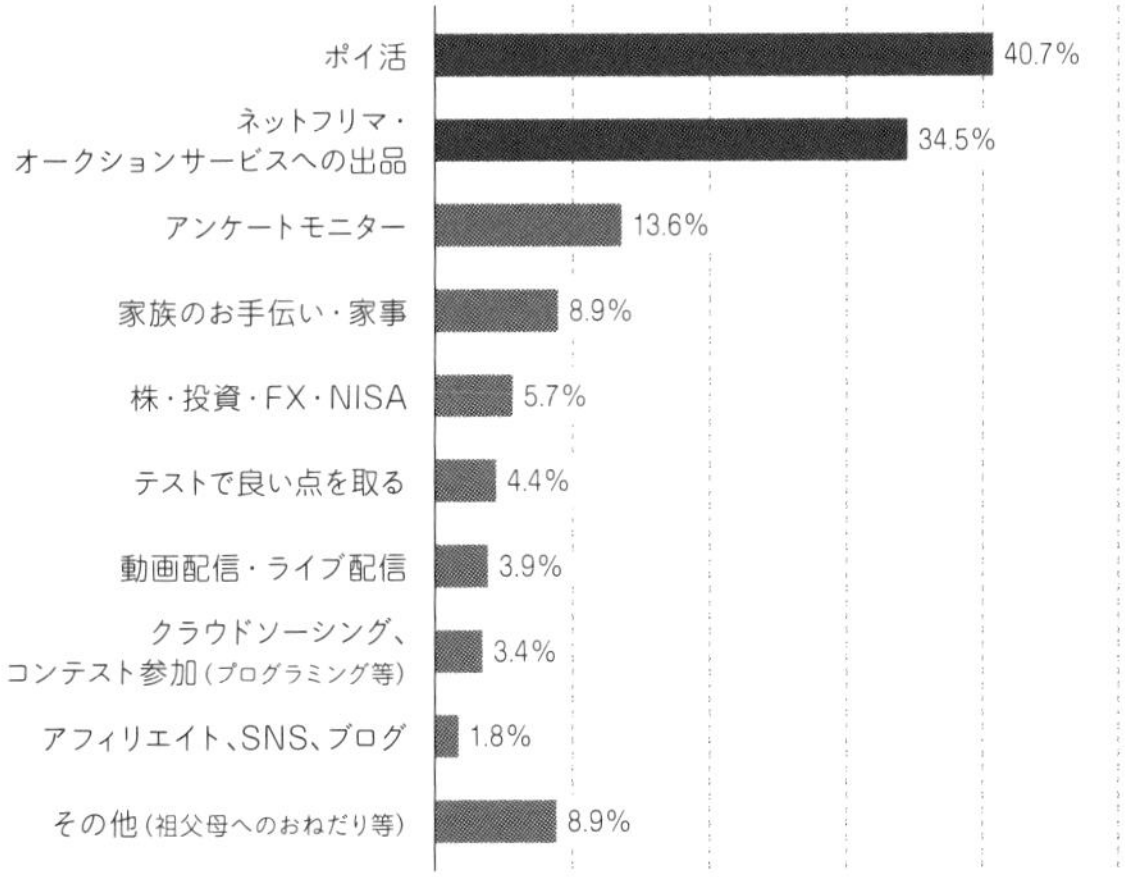

2023年7月26日～27日 おこづかいに関する調査（n＝383）

出典：Studyplusトレンド研究所

フリマアプリやネットオークションサービスは、スマホを介して簡単に売りたい人と買いたい人がつながれる便利なサービスです。ほとんどのサービスが、支払いにデジタルマネーを使うことができ、現金や口座の送金を使用しなくても気軽に個人間での売買が可能になっています。デジタルマネーが普及したことによって、現在、個人間取引の市場が急拡大しています。

「自分にとって不要なものでも、誰かにとっては必要なものになることがある」と気づいたり、限られた資源を大切に使う、循環型社会について学んだりすることにもつながるかもしれません。そう考えると、フリマアプリは、ものとお金の大切さを学ぶことのできる機会にもなります。

ただし、使い方次第ではトラブルに巻き込まれる可能性もあるのが、個人間取引の難しさです。

例えばフリマアプリを使った場合、アプリのメッセージ機能などを通じて、直接「売りたい人」と「買いたい人」が連絡を取り合うことになります。また出品した商品が売れたら、自分で梱包《こんぽう》して発送する必要があります。このやりとりでトラブルになった例も多数報告されています。

売り手の側としては、梱包の仕方が雑だったり、商品の汚れているところを載せなかったり、丁寧なコミュニケーションがとれていなかったりすると、買い手からのクレームや返品につながります。また支払いがスムーズにされない、商品を発送したのに受け取ってもらえない、といったトラブルが起きることもあります。

買い手の側としては、お金を払ったのに商品が届かない、写真と実際に届いた商品があまりにも違う、といったリスクもあります。

未成年でも、保護者の同意があればサービスを利用できるフリマアプリやネットオークションのサービスは多いです。なかには親に確認をせずに、子どもが家のものを勝手にオークションに出してしまった、個人情報が含まれているものを出品してしまった、というようなトラブルもあります。

ですから子どもが自分でフリマアプリを使い、取引を始める前に、親に出品してよいかどうかを確認することを家庭内でルール化しておく必要があります。また親子で一緒に、出品禁止物ではないかなど、事前に使い方ガイドを確認しておくことも大事です。売り手も買い手も、やりとりで不明なことがあれば相手にちゃんと確認するなど、個人間でのやりとりの注意点を親子で話し合ってみてください。

フリマアプリやネットオークションサービスは決して悪いものではなく、注意して利用すれば、ものの価値や大切さ、マネーリテラシー、資源の循環などを子どもが学ぶ良い機会にもなります。頭ごなしに「危なそうだから、使っちゃダメ」と言うのは、子どもが中高生にもなると現実的ではなくなってきます。親としては、個人間で直接やりとりすることで、トラブルが起きることもある、という話を事前にしておくのも必要だと思います。

「家庭内起業プロジェクト」をやってみる

ミサキさんが「おうちカフェ」のアイデアを考えたように、親や親族など身近な人たちを対象に、起業体験をすることもできます。アメリカでは、子どもたちがレモネードをつくり、庭先で売ってお金を稼ぐ「レモネードスタンド」が夏の風物詩になっているそうです。子どもの頃から「お金をどうやってふやすか」という問題に向き合うことは、将来の仕事や稼ぎ方を考えるきっかけになるかもしれません。

家での起業体験は、売上、コスト、利益などの基本的な経済の仕組みを学ぶことができるのに加えて、自分のアイデアが形になり成果をあげる成功体験を通して、子どもの自信をつける効果もあります。目標に向けて努力することで、責任感や自主性の育成など、お金以外の成長にもつながりそうです。

いきなり大規模な事業計画を考えるのは難しいので、まずは数日から数週間で終わる短期プロジェクトから始めて、楽しみながら達成感を得られるようにします。慣れてきたら、半年から1年の長期プロジェクトに挑戦することで、より深い学びと成功体験を得られるかもしれません。

「赤字にならず、利益を出すことができるか」といったお金の面だけで考えるのではなく、子ども自身の好きなことや夢中になっていることの活動の延長で、起業体験をしてみるのがおすすめです。稼げる金額は少なくても、自分の興味のあることが人の喜びにつながった、親が積極的に興味を持ってくれた、という経験が、子どものモチベーションになります。

また起業体験を通じて、子どもの興味や強みが、将来どんな仕事につながるかを親子で考えることもできます。コミュニケーションが得意なら営業職やサービス業、ものをつくるのが好きならアーティストなど、具体的な仕事を子どもに教えてみてください。

さらに、その仕事に就くためにはどのようなスキルや経験が必要か、調べてみます。好きなことが将来どのように役立つかを理解し、将来の夢や目標について考えるきっかけになるはずです。

ただし、子どもがすぐに飽きてしまうこともあります。親としては歯がゆいかもしれませんが、無理に続けさせるのではなく、新しい興味を探すプロセスの一つととらえておくとよいのではと思います。

好きなことや得意なことが「お金」になると、うれしい！

「ミサキが淹《い》れてくれたカフェラテ、すごくおいしいわ」

「このお花の模様のラテアート、かわいい」

「今月からクッキーも出すことにしたんだね。どんどんサービスが進化していて、すごいなあ」

ミサキが家で始めたおうちカフェは、ユウコ、ハルトやタケルに大好評。先週の連休の間は、家に訪れたおじいちゃんとおばあちゃんが利用してくれた。

カフェラテをつくるためのインスタントコーヒーや牛乳、クッキーの材料などはユウコが破格で提供してくれている。とはいえかかったお金を引くと、実際のところは月に数百円程度しかお金は儲からない。それでもミサキは、これまでにない充実感を覚えていた。

――自分の好きなことや得意なことが「お金」になった。仕事って、自分でつくることもできるんだ！

3カ月間のおうちカフェで貯めた1000円を持って、ミサキは書店の語学コーナーに向かった。

目当てのあの本はまだ本棚に陳列されており、ミサキは人差し指で本を引き出す。ユウコやハルトからもらったおこづかいで本を買うのとは少し異なる、胸の高鳴りをミサキは感じた。

大好きな英語の勉強。そして、おうちカフェの仕事。どちらも、ミサキにとってはとても楽しく、自分に向いていると感じている。

おうちカフェでやってみたいことは次々と湧いてくる。今はインスタントコーヒーでつくっているカフェラテを、もっと本格的につくれるようになりたい。クッキーだけではなく、パウンドケーキやスコーンを焼いて、飲み物と一緒に提供してみたい……。

ミサキは書店の料理コーナーにも足を延ばし、棚に並んだ本のタイトルを目で追う。気になった本を手に取り、パラパラとめくった。

本を書いた人の自己紹介を読んでいると「バリスタ」「アメリカ」「留学」という文字が飛び込んできた。コーヒーや飲料に関する専門的な知識や技術を持ち、カフェでコーヒーを淹れる職業をバリスタというらしい。その人はアメリカのシアトルという地域に留学して、専門的な知識を身につけたようだ。

──そんな仕事があるのか。これまでまったく知らなかった……。

ミサキは、レジに持っていこうとしていた本に目をやる。『中学生からトライ！　日常で使える英会話』。日常的な会話を英語でできるようになったら、海外に行くこともできるだろうか。例えばアメリカ、シアトルというところ……。

──将来アメリカに留学して、バリスタの勉強をする？

ふと自分の頭に浮かんだアイデアの大胆さに、ミサキは驚き、思わずふふっと笑った。数カ月前の自分にはまったく浮かばなかったことだ。留学にかかる費用は想像もつかず、まったく現実感がない。でも、いつか。ひょっとしたら……。

帰宅したミサキは、リビングに顔を出し、ネコマルに買った本を見せた。

「自分で稼いだお金で、買ったよ！　これで英語、勉強するんだ」

うれしそうに自分の部屋へと向かうミサキの背中を、ネコマルは眩《まぶ》しげに見つめた。

「自分の興味のあること、得意なことを深めていき、それを周りの人や社会に活かすと、自分でお金を稼ぐことにもつながっていく。特に今は、デジタルマネーやアプリの登場で、その可能性がどんどん広がっている時代。『お金をふやす』ことにしっかり向き合い、知識を得ることはとっても大事だ、マルっ」

第3章

～デジタルマネーならではのトラブルはある？～

デジタルマネーを
安全に使うための基礎知識

パパのスマホでオンラインゲームに課金しちゃった！

「なんだろう、この3万円……」

スマホの画面を見つめながら、ハルトが首を傾《かし》げた。

リビングの窓からは、雲一つない空がのぞいている。外は秋らしい澄み切った空気のようで、天高くまで青空が広がっているように見える。

休日。友達と遊びに出かけたミサキを除き、ハルトとユウコ、タケルはリビングで思い思いの時間を過ごしていた。夕方になったら近くのスーパーに買い物に行こうか、今日の特売は何だろう、なんてスマホを見ながら話していたハルトだったのだが……。

「3万円、って？」

カーペットの上に塔のように積まれた洗濯物を畳んでいるユウコが、ハルトに聞いた。

「クレジットカードの今月の利用額が確定した、と通知が来ていたから、カードのアプリをチェックしていたんだけど、よく分からない請求が1つあるんだよ」

「あなたのクレジットカードなんだから、あなたしか使う人はいないでしょ」

「でもまったく覚えがなくて……請求元は○△ゲームになってるけど……あれっ、これ、おれがやってるオンラインゲームの配信元の会社じゃないか？」

ユウコと一緒に洗濯物を畳んでいたタケルが、○△ゲームの名前を聞いて、びくっと手を止めた。

「おかしいな……おれ、最近は無料で遊べる範囲しか使ってないはずなんだけど……」

タケルのまばたきが激しくなり、膝を細かくゆすり始める。異変に気づいたネコマルは、すかさず「ママっ、タケルの様子がおかしいよ。何か隠してるみたいっ」と告げた。

また余計なことを……と言わんばかりにネコマルをぎっと睨《にら》んだタケルだが、ユウコとハルトが自分を凝視しているのに気づいて、咳払《せきばら》いをする。

「実は、こないだパパに内緒で、パパのスマホで○△ゲームをやっちゃったんだよね……」

えええっ、とハルトが声をあげた。

「勝手にパパのスマホを使うなんて、ダメじゃないか！」

「ご、ごめんなさい。でも、でもでも、ぼく、買い物はしてないよ！　普通にゲームで遊んだだけ。パパがクリアできていなかったステージ3も、勇者の鎧《よろい》と剣をゲットして、敵を倒してクリアしたんだからね！」

ああ、とパパは頭を抱え込んだ。

「その鎧と剣は課金アイテムなんだよ。タケルはゲームアプリのなかで、アイテムを勝手に買っちゃったんだ……」

調べてみると、たしかに3万円分の課金をした記録があった。ハルトのクレジットカードで決済されている。過去にハルトが使用したクレジットカードの情報がアプリ内に登録されており、ボタン一つで購入できるようになっていたようだ。

タケルにゲームをプレイしたときのことを聞いてみると、たしかに何度か「購入」と書かれた画面が表示されていたような気もする、という。ゲームに夢中で「早くクリアしたい」と焦っていたタケルは、そうした表示の内容をろくに見ずに、勢いでアイテムを買ってしまったのだろう。

自分のしたことに気づいたらしいタケルは、たじろぎ、開いたままの唇を触っていた。まさか意識しないうちに、3万円もの大金をゲームに使っていたなんて、自分が小学3年生だったらとても恐ろしいことをしてしまったように感じるだろう、とハルトは思った。

その後、ユウコとハルトが慌ててゲームの規約を読んだりネットで調べたりして確認したところ、子どもが無断で課金してしまった場合、「未成年者取消権」という法律に基づいた権利があり、契約を取り消すことができる可能性があると分かった。しかし、購入したアイテムで遊んだあとでは、契約の取り消しや返金に応じてもらえるとは限らないらしい。

ネコマルは、はーっとため息をつき、遠い目をする。

「最近、多いんだよね、こういうの。前にいた家でも、似たようなことがあったよ。親のクレジットカード情報を勝手に入力して、自分のスマホでネットショッピングをしちゃった小学生もいたなあ……。ネットで買い物をして決済までできるのは、とても便利なんだけど、その分、トラブルが起きる可能性もあるんだよね」

そして、うろうろと部屋のなかを歩き回るタケルに向かって言った。

「タケル。クレジットカード決済だと実感が湧かないかもしれないけれど、これは、パパのお財布から現金3万円を盗んで、そのお金で買い物をしたのと同じことだからね。カードによる後払いやデジタルマネーであっても、お金はお金なんだから。実際に、他人の電子決済アカウントを使って不正に支払いを行い、逮捕された人もたくさんいるんだよ」

ネコマルの言葉に、タケルはどんどんと青ざめていく。そして、小さな声で「ごめんなさい……」とつぶやいた。

ネコマルはハルトのほうにも向き直り、言う。

「パパも、どうしてスマホにロックをかけておかないのさ。ゲームアプリだけじゃなくて、ネットショッピングのサイトなどでも、一度クレジットカード情報を登録すると、次からはカード番号の入力をせずに決済ができることが多いよね。支払い情報をいちいち入力しなくても買い物ができる状態で、スマホにロックもかけず放置したら、タケルだけじゃなくて、誰でもお金を盗み放題になっちゃうよ！　ネットショッピングのサービスやアプリにクレジットカード情報を登録したら、利用後に削除するか、勝手にログインできないように管理してもらわないと」

ネコマルの言うとおりだ。ハルトは、そ、そうだな……とうつむいた。

その後、家族で話し合いが行われた。今回はハルトの不注意もあったため、3万円全額をタケルに返してもらうことは求めないが、勝手にハルトのスマホでゲームをしたこともふまえ、高額の課金をしてしまったことの勉強代として、一部はタケルのおこづかいから差し引くことになった。

「ネットではボタン一つで買い物ができるから、間違えてボタンを押してしまったり、欲しくないものをうっかり注文したりしてしまうことがあるんだね。なんだか怖い……」

と、タケルはすっかり懲りたようだ。ネコマルは「まあまあ」となだめながら言った。

「ネット決済やクレジットカードが悪者なわけではないよ。簡単に支払うことができたり、後払いができたりと便利さがある一方で、注意が必要な点もある、ということなんだ。ママとパパと一緒に、気をつけたほうがいいことを学んで、安心して使えるようにする、マルっ！」

解説編

ネットショッピングならではの罠《わな》や、クレジットカードの注意点

ネットでの購入トラブルが増加。サブスクにも注意

タケルくんは購入したつもりがないまま、ゲームアプリ内で課金をしてしまいました。このようにネットショッピングや課金の発生するサイト、アプリは、気軽にものを買うことができる分、「買ったつもりがない」「買う商品を間違えてしまった」などの購入トラブルが起きやすいといえます。

なかには、購入する前に確認すべき契約内容や、解約に関する注意事項などの重要な表示を、意図的に分かりにくく表示しているサイトやアプリもあります。

子どもだけではなく親も含めて、ネットでのショッピングを行うときは、「購入する」のボタンを押す前に、次の3点を確認するようにしましょう。

①支払う総額はいくらか？
②解約や返品は可能か？　その条件は？
③継続的な購入になっていないか？

3点目の「継続的な購入」とは定期的に料金を支払い、商品やサービスを継続して利用することができる月額定額制（サブスクリプション／サブスク）のことで、最近はそのようなサービスが増えています。動画や音楽、記事などのコンテンツ配信、学習、コスメ、電化製品、洋服など、さまざまなサービスでサブスクモデルが使われています。

そこでよくあるのが「○日間無料トライアル」といった無料期間を設け、無料期間中に解約をしなければ、自動的に有料のサブスクに移行する仕組みです。サービス内容や解約方法が分かりにくく、なかなか解約できないケースもあります。

2022年6月に施行された改正特定商取引法では、サブスクリプション課金を悪用する詐欺的な定期購入商法への規制も強化されています。サブスクの申し込みをする最終確認画面では、取引における基本的な事項として、無料期間終了後に有料サービスに移行する時期やその場合に支払う料金などの契約内容、解約方法などを明確に表示することが義務づけられました。申し込む際にはしっかり確認すべきです。

もし請求に納得ができなかったり、詐欺の可能性があったり、商品やサービスの購入にあたってトラブルが生じたりしたときのために、消費者ホットラインがあります。全国共通の電話番号で「188（いやや！）」でつながります。万が一のために覚えておくと安心です。

ネット広告の危険性について知っておく

ネット上の広告は、コンテンツと広告の区別が曖昧で、大人にも見分けがつかないことがあります。特に低年齢の子どもにとっては、それが広告であるということを理解できず、親の確認をとらずに課金したり定期購入していたり、といったトラブルにつながることも少なくありません。

まずは、世の中に「広告」というサービスを売るための戦略があることを子どもに教えます。そのうえで広告によって気持ちが刺激されてすぐに買ってしまうのを防ぐため、一回冷静に「本当に自分は、これを欲しいのかな？」と考えてみる習慣を取り入れることをすすめます。効果的なのは「欲しい」と思ったら買い物かごに入れておき、1週間経ってから見直して、本当に欲しいと思ったものだけを注文する方法です。「期間限定」「みんなが持っている」など、「今買わなければ」という気持ちを煽《あお》るワードには注意することも大事なポイントです。

ネットショッピングの場合は、実際に手に取って商品を確認できないため、届いたあとで「思っていたものと違った」とギャップが生じることがあります。レビュー欄を見て、他人の意見や評価を参考にしながら商品を選ぶとよいなど、大人が経験のなかで身につけた買い物のコツを子どもに教えるのも役立つはずです。

ただしネットレビューの口コミには、事業者側の関係者が一般の消費者になりすまし、その活動が広告であることを隠して商品やサービスを宣伝する「ステルスマーケティング」という手法があります。これによって見た人が正当な判断をできなくなり、不当な購入や契約をしてしまうなど、経済的な損失を被る可能性があります。

さらに誇大広告、虚偽と思われる広告、恐怖感を与える広告、成人向けの内容が記載された広告など、子どもに見せたくない広告を表示させないよう、親があらかじめ対策をすることもできます。

フィルタリングは、子どもに不適切な情報の閲覧や利用を制限できるツールで、スマホなどの端末を購入するときに設定したり、フィルタリングアプリをインストールしたりして利用できます。利用制限の設定はスマホ本体からもすることができます。

このような機能を利用して、問題のあるネット広告から子どもを守れるように、事前に対策しておくことが重要です。

クレジットカードは「借金」

タケルくんは、アプリに登録したパパのクレジットカードを使用してしまいました。最近では、親がクレジットカードを使って買い物をしているのを見た子どもが「あの情報を入力すれば買い物ができる」と気づいて、親には無断でクレジットカード情報を入力し、買い物をしてしまうケースや、自分のプリペイドカードに無断でチャージをしてしまうケース、親のクレジットカードを友達に貸したり暗証番号を教えてしまったりするケースもあります（ただし最近は初回の買い物時やクレカ登録時に3Dセキュア〈本人認証サービス〉を導入するなどの対策がとられています）。

そもそもクレジットカードの名義人には、他人が勝手に使えないようにクレジットカードや暗証番号を管理することが義務づけられています。子どもが親名義のクレジットカードを無断で使用した場合、多くのクレジットカードでは規約により、カード名義人に責任を求めるケースが多いです。つまり、子どもの不正利用でカード利用料金の請求を免れることはかなり難しいのが実情です（詳細な経緯を伝え、クレジットカード会社に申し出て交渉することはできます）。

子どもにぜひ教えておきたいのは、クレジットカードを利用するのはカード会社にお金を立て替えてもらうだけで「借金」と同じだということです。無計画に買い物をするのではなく、本当に自分で支払える金額かどうかを考えて、使わなければいけません。

２０２２年に成年年齢が引き下げられ、18歳からクレジットカードの申し込みを親の同意なしですることが可能になりました（カードの種類によっては、独自の年齢制限を設けているケースもあります）。こうしたクレジットカードの仕組み、メリット・デメリットの両方をきちんと知ったうえで、18歳になるまでにクレジットカードやローンについて、家庭でも学ぶ機会をつくってみることも大事だと思います。

パパがネット詐欺の被害に遭った！　ネット決済は怖いもの？

「うそでしょ？　あなた、こないだタケルに注意したばかりじゃない！」

家中にユウコの声が響き渡った。いったい何事だ、とタケルとミサキは自分の部屋から飛び出してきて、リビングのドアを少しだけ開いて、なかの様子をのぞいた。

すっかり元気をなくし、体を小さく丸めたハルトは、ユウコに頭を下げた。

「ごめん、ママ。今度はおれがネット詐欺に引っかかっちゃって……」

「詐欺!?」

タケルとミサキは大声で叫び、勢いよくリビングのドアを開けた。


ダイニングテーブルの前に座ったユウコとタケル、ミサキ、そしてテーブルの上に鎮座したネコマルが、ハルトのスマホをのぞき込んでいる。メール画面を見ると、タイトルに「お荷物配達時ご不在のお知らせ」とあり、本文には「お荷物をお届けに来ましたが、ご不在でしたので持ち帰りました。再配達の依頼はこちらから」という言葉とともに、URLが書かれている。

「このURLをクリックして、ユーザーIDやパスワード、クレジットカード情報を入力しちゃった、ってことなのね？」

ママの迫力ある問いかけに、ソファに浅く腰掛けたパパが体を小さく丸めて、頷いた。

「……よく使う配送会社のロゴも入っていたから、当然公式サイトからの連絡だと思って……勢いで入力したあとに『あれ、なんで再配達にクレジット情報が必要なんだろう』とは思ったんだけど……まさか配送会社を騙《かた》ったフィッシング詐欺だとは……。気づいたときにはお金が引き出されていて……」

「ふぃっしんぐ、詐欺？　フィッシュって、魚？」

タケルがネコマルに聞く。

「ネット詐欺の一種だよ。フィッシング詐欺は『魚釣り』を意味するfishingなどからつくられた造語なんだ」

「パパ、魚みたいに釣られちゃったの？」

タケルの無邪気な問いかけに、パパの背中はどんどん丸まり、小さくなる。

ネコマルが続けて解説する。

「ネット詐欺にはいろいろな種類があるんだ。フィッシング詐欺以外にも、ネットオークション詐欺、ワンクリック詐欺、なりすまし詐欺……。お金を奪う方法も、デジタルマネーを送金させたり、コード決済を利用したりと、どんどん複雑になっているんだよ」

「こ、怖い……！」

タケルは震えた。ミサキも深刻な表情を浮かべている。ユウコは、はあ～と大きなため息をつき、頭を抱えた。

家族みんなの反応を見て、改めて怖くなったハルトの足は、ぶるぶると震え始めた。

「ちょっと待って。みんな、冷静になる、マルっ。急いでクレジットカード会社に連絡するんだっ。まずはクレジットカードがこれ以上不正利用されないよう、カードの利用停止をすること。そして警察に被害届を出すこと。クレジットカードが不正に利用された場合、一般的にはクレジットカード会社が補償してくれることが多いよ。今回のケースも、クレジットカード会社からお金が返ってくるかもしれないじゃない」

ネコマルの頼もしい声に、ハルトは首筋をまっすぐ伸ばし、顔を上げる。

「そうか……そうだった……。ネコマル……ありがとう。カード会社に連絡してみる」

とスマホを取り上げ、電話番号を調べ始めた。

ハルトが詐欺に遭ったことですっかり怯《おび》えてしまったタケルと、心配そうなミサキ、二人は並んでソファに座り、ハルトが電話をかけて相談しているのを見守っている。ネコマルはそんな二人に語りかけた。

「ネット決済やデジタルマネーは便利な分、その便利さを悪用した詐欺の手口も増えているんだ。ただ、現金の場合は紛失・盗難に遭っても補償は受けられないけれど、クレジットカードやデビットカード、デジタルマネーの場合、不正利用されたことがちゃんと証明できれば、運営元の会社の補償を受けられることが多い。だから過剰に恐れることはないよ」

ネコマルの言葉を聞き、タケルとミサキの緊張も少しはほぐれたようだ。

「ということは、ぼくたちがおこづかいをもらっているプリペイドカードも、落としたら不正利用される可能性があるから、カード会社にすぐ連絡しなきゃいけない、ってこと？」

タケルは聞く。ネコマルは、そのとおり、と頷く。

「プリペイドカードもクレジットカードも、紛失に気づいたらすぐにカード会社に届け出て利用停止することで、不正利用を防ぐことができるよ。スマホ決済を利用している場合は、スマホを落としたときも同じこと。気づいたら、急いでデジタルマネーや決済サービスの運営会社に届け出をしよう。これを知っているだけでも、いざというときに慌てず対処できるはず」

過剰に怯えずに、世の中にある詐欺の例や対処法を知っておくこと。その知識が、いざというとき、自分の身を守ってくれる。そんなネコマルの話を聞いて、タケルとミサキは、ネット決済やデジタルマネーにまつわるさまざまな詐欺・トラブルの事例について調べてみることにした。

解説編

デジタルマネーのよくある詐欺やトラブルと、対処法

親子で学ぶ、よくあるネット詐欺やトラブルの例

ネット決済やデジタルマネーを巡る詐欺やトラブルの被害は、子どもと無関係ではありません。ＳＭＢＣコンシューマーファイナンスの実施した「金融リテラシーと家庭の金融教育に関する調査２０２３」によると、子どもがトラブルに遭ったことがある人の被害内容は「ネットオークション詐欺」が最も多く29・6％、次いで「フィッシング詐欺」が21・0％、３番目は「ワンクリック詐欺」で17・3％だったそうです。

こうしたネット詐欺は増加傾向にあります。フィッシング対策協議会の調べによると、２０２２年の間に報告されたフィッシング詐欺報告総件数は約96万件、２０２３年のフィッシング詐欺の件数は約１１９万件と、１年間で22万件以上増加しています。

使い古された手段であっても、子どもにとっては詐欺かどうかを見抜くことが難しく、「自分が何か悪いことをしてしまったのでは」と考えて親にも相談できず、親の知らな

いところで引っかかってしまうケースが多々あるようです。

〈ネットオークション詐欺〉

ネットオークションサービスやフリマアプリで、出品者が意図的に商品を発送しない、または偽物を送る手口の詐欺です。ほかにも、代金を騙《だま》し取り、出品者の電話番号に電話しても連絡がつかない、名前や住所も虚偽であるなど、悪質な詐欺事件も起きています。また落札者がさまざまな理由や難癖をつけて購入代金を支払わず、そのまま商品を騙し取るケースもあります。

詐欺に遭わないためには、まず取引する相手の評価を十分に確認することが大切です。また出品画像が本物か（メーカーのＷｅｂサイトの写真やカタログの写真を撮影して載せていないか）、同じ商品画像が別の出品物にも使用されていないか、事前によく確認してください。実際にはものがないのに、出品している可能性があります。

また取引相手によっては「直接メールでやりとりしませんか？」などと、サービス上で禁止されている取引を持ちかけてくることがありますが、ルールに沿ってやりとりしてください。

〈フィッシング詐欺〉

実在する金融機関やショッピングサイト、宅配便事業会社、電気会社、ガス会社、水道局、国税局などを装った電子メールやショートメッセージを送り、これらのＷｅｂサイトとそっくりな偽サイトに誘導して、パスワード、ユーザーＩＤ、クレジットカード情報などの個人情報を盗み取るものです。実際にこれらの会社や公的機関が、メールで個人情報の入力を求めることは通常ありません。メールが届いたら送信元が公式サイトのアドレスになっているか、タイトルや文面が不自然ではないかを確認し、メールに書かれているリンクは開かない、メールに記載された連絡先には連絡しないことを徹底します。連絡する場合は、正規のサイトや問い合わせ窓口から連絡してください。

〈なりすまし詐欺〉

有名芸能人や実業家の名前を騙って、お金を騙し取ろうとする詐欺です。実在する人の名前を出し、芸能人からメッセージが届いたかのように思わせ「周りの人には相談できずに困っている」「〇〇さんから連絡先を聞きました。こちらのアドレスを登録してください」などといった文面が送られてきます。やりとりが始まると有料の会員制サイトに誘導されるのが主な手口です。

会員サイトに誘導されたあとは、引き続きやりとりをするには有料ポイントが必要だ、といったような話で、何かしらの料金の支払いを求められます。

芸能人やその関係者が、見ず知らずの人に連絡してくることはあり得ません。こういう詐欺の種類があることを知っておき、連絡は無視しましょう。

〈ワンクリック詐欺〉

Ｗｅｂサイトや電子メール、ショートメッセージに記載されたＵＲＬを一度クリックしただけで「登録が完了しました！」「ご購入ありがとうございます」などと書かれた完了画面につながり、多額の料金の支払いを求められる詐欺です。

フィッシング詐欺は個人情報を騙し取るものですが、ワンクリック詐欺の場合は「知らず知らずのうちに登録してしまったのではないか」「支払わないと大変なことになるのでは」といった不安を煽ることで、直接お金を騙し取る方法です。

いかにも契約手続きが完了しているかのように見せかけ、加えて利用しているインターネットサービスプロバイダの情報などを表示させるなどして、利用者の情報が特定されたような表示をして「お支払いいただけない場合は、自宅までおうかがいします」などと書かれているのも、よくある手口です。

しかし通常、メールに書かれたURLをクリックしただけで、ネット上での契約が成立することはまずありません。ネット上での契約を成立させるためには、購入前の画面で「その契約が有料であること」また「その契約にいくらの料金が必要か、分かりやすく明示すること」、申し込みボタンを押したあとで確認画面が表示されること、といったさまざまな条件が設定されています。このような手続きをきちんと踏んでいるか、まず確認してください。また、このようなメールを送ってくる業者に対して、インターネットサービスプロバイダが顧客の個人情報を開示することもありません。「自宅に行く」といった脅し文句に、びっくりしてお金を支払ってしまう子どもがいるかもしれないので、正しい知識と怖がる必要がないことを教えてください。

〈架空請求〉

突然、利用した覚えのない請求が、メールやハガキなどで送られてくる詐欺です。◯日以内に支払わない場合は、自宅に取り立てに行く、延長料金を請求するといったことが書かれています。無差別に請求の連絡を送信している場合が多く、身に覚えのない請求を支払う必要はありません。一度支払ってしまうと、二度目、三度目と請求が来る可能性があります。支払いに、コンビニなどでデジタルマネーのカードを購入するよう指示し、番号を教えさせる方法が指定されることがありますが、これは詐欺の手口なので、安易に支払ってはいけません。

不安を感じる場合は、警察（最寄りの警察の相談窓口につながる電話番号「＃９１１０」）や消費者ホットライン「１８８」に連絡し、相談してみてください。

デジタルマネーの利便性を悪用した詐欺

個人情報を取得する必要がなく、二次元コードを読み込むだけでお金のやりとりができるコード決済の利便性を悪用した詐欺も増えています。

例えばコード決済を利用した返金詐欺の例があります。通販サイトで商品を購入したところ、欠品などを理由に注文がキャンセルされる。返金するためのやりとりをしているうちに、返金するために必要なコードだと、PayPayなどの決済サービスの二次元コードが送られてきて、読み取るとそれが「支払い画面」になっており、そのまま進めてしまうと、返金どころか多額の支払いをしてしまうことになる、といった例です。

ほかにも正規の二次元コードの上に偽の二次元コードを貼り付けて、偽の二次元コードから支払わせる例などがあります。二次元コード詐欺の場合、誘導されるサイトのURLを確認することができません。あたかも正しいサイトや画面のように見せかけて、お金を騙し取られてしまうことがあります。

デジタルマネーは支払いや送金を簡単に行えるのが利点ですが、それゆえにこうした詐欺の手口が発生するのです。また支払いの簡単さから、単純な「うっかりミス」も起きやすくなっています。自分で支払い金額を入力するときに桁を間違えた場合、お金を送った相手や商品を購入した店に返金対応をしてもらわなければいけません。これも注意が必要です。

子ども同士の場合、気軽に友達にプリペイドカードやスマホを貸したことで、勝手にお金を使われてしまったケースもあります。

いずれにしても「プリペイドカードもデジタルマネーも、現金と同じで大切なものだから、気軽に貸したりあげたりしてはダメだよ」「パパとママが稼いだ大切なお金だから、友達にあげるときは事前に教えてね」などと、親子で確認し合うことが大切です。また名前や住所などの個人情報だけでなく、クレジットカード番号、コード決済の支払い二次元コードなどの情報も気軽に共有しないように伝えてください。

個人情報流出のリスクはある?

近年、ECサイトに不正アクセスがあり、ユーザーの個人情報が漏洩《ろうえい》するケースが多発しています。漏洩した個人情報を悪用されると、不正利用などの被害に遭うことも考えられます。

個人がハッキングそのものを未然に防ぐのは、難しいです。ネットショッピングを利用する以上、購入時に入力するクレジットカード情報やID、パスワード、個人情報などが流出する可能性がゼロではないことは知っておかなければなりません。

個人として対策できることは、必ず公式サイトから買い物をすること、二段階認証やSMS認証を可能な限り有効にすること、不正利用されたときの補償が充実しているクレジットカードやデジタルマネーを利用することなどが有効です。

さらに不正利用されたときに素早く気がつけば、利用を止めることができます。そのためにも、日頃から利用履歴を細かく確認しておくことが大事です。

特に、クレジットカードやデジタルマネー、コード決済など、さまざまな決済手段を併用している大人の場合「いちいち利用履歴を見てはいない」「いろいろなサービスを利用しすぎて、今月トータルでいくら使ったか分からない」という人もいるはずです。

まめに利用履歴を確認し、家計簿アプリなどに記録して振り返ることは、不正利用の防止、そして日々の入出金の把握やペース管理にもなります。毎月きっちり家計簿をつけるのは難しい、という人はぜひ、数カ月だけでもつけてみると、自分のお金の使い方やペースを把握する良い機会になるはずです。慣れてきたら、毎月支払い額が確定するタイミングで、各種決済サービスの利用履歴を確認するだけでもよいと思います。

「おいしい儲け話」はないと知っておく

以前、小学6年生が同級生から「これは純金でできているコインだ」「金は価格が上がるから価値が上がる」などと持ちかけられて購入したところ、水族館で発売されている普通の記念メダルだった、という事件がありました。騙された子どもは、たんす預金を使って数十万円もの高額なお金を支払ってしまったそうです。親が警察に相談し、全国的なニュースになりました。

コインを売ろうとした小学6年生はひょっとしたら、警察沙汰になるとは思いもよらず、同級生に購入を持ちかけたのかもしれません。ただ、この事件は投資詐欺のやり方に、よく似ています。

特に若い世代を対象に「おいしい儲け話」をちらつかせることでお金を騙し取る例が、最近増えているといいます。友人や先輩、SNSで知り合った人に儲け話を持ちかけられ、断ることで友人との人間関係が破綻するのを恐れてつい支払ってしまうというようなケースもあります。

騙されないようにするためには「この世の中に、そんなにおいしい話はない」と知っておくことも大切だと思います。SNSを通じて、著しく高額な報酬の支払いを示唆して人を集め、その実態は犯罪の実行者の募集である、というような、いわゆる「闇バイト」もその例の一つです。お金がなく苦しんでいるときに「楽をして儲けられる」話を見聞きし、安易に仕事を引き受けてしまったばかりに、気がついたら犯罪に加担しており、逮捕されるまでに至ったケースもあるのです。

またネットショッピングでも、「極端に安すぎる」「品薄の人気商品の在庫がこのサイトにだけ大量にある」というようなうまい話には要注意です。公式ブランドやメーカーのオンラインショップに似せた、偽のショッピングサイトだったり、粗悪品が混じっていたりする可能性があります。

「今だけ」「あなただけ」「絶対に儲かる」というキーワードは、特に要注意です。おいしい話を聞いたら、「お金をふやしたい気持ちや、得をしたい気持ちにつけこむ詐欺ではないだろうか？」とまず疑うこと。そして少しでもおかしいと思ったら、親や警察への相談を躊躇させないことです。

日頃から家庭や学校での会話を大切にすることが、子どもがインターネット上の危険から自分を守る力を育むための糧《かて》になります。警視庁の調査でも、家族や先生、友達と良いコミュニケーションをとっている子どもは、そうでない子どもに比べ、ネット上で危険を回避する行動をとりやすいことが分かっています。

だからこそ子どもとのコミュニケーションを密にし、子どもが親に気軽に相談できる関係を保つことをおすすめします。

子どもが使っているサービスを親も利用してみることで、子どもとの会話のきっかけができることもあります。我が子を、詐欺の被害者や事件の加害者にさせないためにも、気軽に相談できる親子関係を築くのがとても大事なことなのです。

過剰に恐れる必要はない。最大の防犯対策は「家族の絆《きずな》」

ハルトの「フィッシング詐欺事件」は警察にも相談して不正利用されたことを証明することができ、クレジットカード会社からお金が戻ってきて、ようやく一段落した。山村家にようやく穏やかな団欒《だんらん》の時が戻り、夕食を終えた四人はネコマルを交えて今回の騒動を振り返っていた。

「まさか自分が騙されるわけない、怪しいとすぐに気づくはずだ、と思っていたのに、分からないもんだよなあ」

ハルトはやれやれと頭をかいた。

「私、タケルと一緒にいろいろな詐欺の事例を調べてみたんだけど、フィッシング詐欺以外にもいろんなネット詐欺があるの。普段なら怪しいと気づくようなやりとりでも『○日までに支払わないと家に行く』というような言葉で煽られたら、焦ってしまって、冷静な判断ができなくなるかも、と思った」

ミサキがそう言って、お茶をごくりと飲む。タケルも、うんうん、と頷いた。

ユウコは「ネコマルがいてくれて良かったわ。おかげで冷静な対応をすることができた」と言い、ネコマルを撫でた。ネコマルはころんとダイニングテーブルの上で寝転がり、ママの手のなかで「もっと撫でて～」と甘えている。

ハルトはタケルとミサキの目を、交互に見て言った。

「詐欺に遭ったかも、と思ったとき、パパはすごく怖い気持ちになって『ママやみんなにはとても言えない。一人でなんとかしなきゃ』と思ったんだ。でもそうやって隠していたら、もっとひどいことになっていたかもしれない。二人もこれから、ひょっとしたら、ネット決済ならではのトラブルや詐欺に巻き込まれることがあるかもしれないけれど、そういうときは迷わずパパやママに相談してほしい」

ハルトの言葉に、ユウコも頷いた。

「パパから打ち明けられたとき、びっくりして、ついママは感情的になってしまったのよね。あれは良くなかったわ。『打ち明けたら、怒られる！』なんて思わせてしまったら、タケルもミサキも私たちに何も話せなくなってしまうものね」

そう言って、ユウコはハルトに向かって「パパ、正直に話してくれてありがとう」と微笑《ほほえ》んだ。ハルトは胸に手を当て「こちらこそ、ありがとうだよ」とようやく笑顔を見せた。
ネコマルはタケルのほうを見つめて「いい家族になってきたね」とつぶやいた。
タケルは、そうかなあと言いながら、少し誇らしそうに笑った。

ネコマルはタケル、ミサキ、ママ、パパの顔を順番に見た。
「ネット決済やデジタルマネーなどの新しくて便利な技術は、便利ゆえに悪用されることもある。でも過剰に怖がる必要はないんだ。現金ではできなかったお金の守り方もできるし、今後セキュリティを強化する技術がどんどん進化していくかもしれない。よくある事例を知っておき、いざというとき慌てないこと。そして詐欺から身を守るためにいちばん役立つのが『家族の絆』。家族とこまめに連絡をとり、相談や報告をするような関係を築いておくことが、何よりの防犯対策になるんだな、マルっ」

第4章

〜おこづかいで夢をかなえたい！〜

アプリで残高や目標金額を共有し、夢の実現へ向けて計画をつくる

未来にはばたく夢をサポートできるか？

「わわわわ、ネコマル助けてー！」

バタバタと慌てた様子でタケルがリビングに駆け込んできた。怒りの形相でミサキがあとに続く。

「こら待てタケルっ！　返しなさいっ！」

ミサキはタケルの背後から襟首をつかんで引きずり倒すと、タケルの持っていたパンフレットのようなものを奪おうとする。と、次の瞬間、

「やめなさーいっ！」

リビングを揺るがすほどの大きな怒鳴り声が響き、思わずその場でフリーズするミサキとタケル。恐る恐るキッチンのほうを見ると、両手を腰に当て仁王立ちで睨みつけているユウコの姿がある。

「二人とも、いったいなんの騒ぎ？　ミサキ、ちゃんと説明しなさい」

「だってタケルが……」

「ぼく、何もしてないよ。これ玄関に落ちてたのを拾って見てたら、お姉ちゃんが……」

「？」──となり、歩み寄るユウコに、タケルは手にしたパンフレットのようなものを手渡した。「あ……」とミサキはバツが悪そうにユウコを見る。

「『駅前留学のパイオニア、シアトル英会話学校』──？」

パンフレットの表紙を読み上げたユウコは怪訝そうにミサキを見る。当のミサキは唇を尖《とが》らせたまま目を逸らした。

そんなミサキの様子を、ネコマルは〝ふむふむ〟と納得したような顔で眺めていた。

夕食後、帰宅したハルトも交え、ユウコたちは家族そろって話し合いを始めた。

「英会話学校ねえ……なんでまた急に？」

不思議そうな顔のハルトに、ミサキは意を決したように口を開いた。

「あのね、ママ、パパ、……タケルとネコマルも、ちょっと聞いてほしいんだけど」

ミサキは以前、浮かんだ自分の思いを家族に打ち明けた。英語に興味を持っていること。おうちカフェの取り組みを通じて、もっとコーヒーについて本格的に勉強してみたいと思ったこと。たまたま手に取った本で「将来アメリカに留学して、バリスタの勉強をする」という夢が芽生えたこと……。

「まだ、全然現実的じゃなくて。高校に行く頃には、すっかり気持ちが変わってしまうかもしれないの。だけど今は、いつか留学できたらいいかなって……」

みんなで家計を見直してお金を貯めようとし始めたときに言い出しても、「そんなお金は家にはない」と言われるのではないか。その心配もミサキにはあった。だけど――。

「いいじゃん、ミサキ！」

ハルトの表情がぱあっと明るくなった。

「そんな夢があったなんて知らなかった。たしかに最近、英語の本を買って、勉強を頑張っていたものね」

いつもの笑顔を取り戻したユウコがミサキに優しく声をかける。

「お姉ちゃんの夢を家族みんなで応援するよ！」

タケルは自信満々の表情でドンと自分の胸をたたく。

「で、バリスタって何？」

続くタケルの一言にユウコもミサキもガクッとなる。

「バリスタっていうのはね、カフェやコーヒーの専門店でコーヒーを淹れる専門の職業だよ。豆を選んだり焙煎《ばいせん》や挽《ひ》き方を調整したりできるコーヒーのプロフェッショナルなんだな」

　ネコマルの解説に「へー」とタケルは感心している。

「よし、それじゃミサキの夢を実現するために、みんなで考えてみよう、マルっ」

　ネコマルの言葉にうなずき、タケルたちは家族みんなで相談することにした。

「ミサキはさっき、〝いつか〟留学できたら、って言ってたけど、それじゃいつまで経っても夢のままだよ。具体的に『目標』にしないと。いつ頃にしたいと思ってる？」

「うーん、早いほうがいいんだけど……例えば高校に入学してからかな」

　ネコマルの質問に、ミサキは考えながら答える。するとハルトが、

「だったらまず、高校に合格しないとダメだよな」

と、言い出し、ミサキは「そうなんだよね」と肩を落とす。

「私立の高校だと交換留学をしているところもあるから、そこを狙う方法もあるかもしれないわね。どっちにしてもお金の準備は必要だけど」

　ユウコはミサキを元気づけるように声をかける。

「でもさ、海外留学ってカッコいいけど、勉強しなきゃいけないんだよね。だったらぼくは海外旅行のほうがいいや。そうだパパ、今年の家族旅行は海外にしようよ。お姉ちゃ

んも海外に慣れたほうがいいし。ぼく本場のディズニーランドに行ってみたいな」

タケルの言葉にハルトは渋い顔でつぶやく。

「簡単に言ってくれるなよ。我が家にそこまでの金銭的余裕はないんだ」

「だったらつくればいいんだよ、余裕を。ね、ネコマル？」

「無茶ぶりしてくれるなあ。よし、それじゃあミサキの留学計画と海外旅行という目標に向けて、家族マネー会議を始めよう！」

ネコマルは家族マネー会議の手順として3つのやることを掲げた。

やること1：いつまでに、どういう形でどこに留学するか、海外旅行はどこに行くか、
　　目標を具体的にする。
やること2：山村家の、現在の資産・負債状況を明らかにする。
やること3：家族みんなが、それぞれ月ごとの目標貯金額を設定する。

さっそく、やることの1つ目「目標を具体的にする」に取り組むため、ミサキのイメージを確認し、旅行についても家族みんなで話し合ってみることにした。

ミサキが考えていたのは、高校1年生になってからアメリカ西海岸のシアトルで1年間留学するというものだった。留学制度のある高校に進学すれば、個人でするより手続きも楽になるはずだ。

一方、海外旅行については、行先はフロリダにある本家のディズニーフンド、時期とすればミサキの高校受験の準備が始まる前、中学2年生になる来年の夏がベストだということになった。つまり1年後の夏に海外旅行、3年後に留学、という具体的なスケジュールも立てられ、本格的にそこに向けて貯金をしていくことにした。

話し合いを重ねるうちに、ハルトはディズニーランド行きの費用や現地の情報のリサーチ、ユウコとミサキは留学に関する情報と交換留学制度がある高校を調べることにした。そしてタケルは少しでもミサキの留学や家族旅行に協力するためにおこづかいアプリで貯金の仕方を見直すことにした。

家族みんなの協力を得て、ミサキは留学が夢ではなく、現実に近づいていると感じられるようになっていた。ユウコとハルトは、親としてなんとか子どもの夢をかなえてあげたいと思っていた。子どもたちの未来のために、今できることは何かを真剣に考え、必要なお金を貯金することを決意した。そう、お金はただ貯めるだけのものではなく、夢をかなえるためのものなのだ。

　こうして山村家の四人が「ミサキの未来のための留学」と「タケルが見識を広げるための海外旅行」という2つの目標に向かって進み始めた。

　ところが、やることの2つ目「現在の資産・負債状況を明らかにする」と、3つ目「家族みんなが、それぞれ月ごとの目標貯金額を設定する」を前にして、ユウコとハルトは完全に行き詰まった。山村家ではユウコとハルトがそれぞれ別の財布で支出や貯金を管理しており、今、我が家にトータルで資産や負債がどれくらいあるのか、誰も把握できていない。

　さらに、これからミサキとタケルの教育費も大きくのしかかるので、教育費のためにいくらか貯金をとっておかなければならない。そうなると手持ちのささやかな貯金を安易に切り崩すこともできない。

「もうダメ。何から手をつけて、どう考えたらいいのか、まったく分からない」

　ユウコは、お手上げだ、とでも言うように両手を上げ、そのままダイニングテーブルに突っ伏した。

　そこでネコマルが提案したのが、将来の夢や目標に向けてお金の面でサポートする専門家、ファイナンシャル・プランナーに相談しに行くことだった。ファイナンシャル・プランナーとはお金に関する幅広い知識を持ち、それを利用してライフプランの作成やアドバイスをする職業だそうだ。さっそくハルトは友達に頼み、ファイナンシャル・プランナーの国家資格を有する人を紹介してもらった。

「なるほど。家族みんなで娘さんの留学という目標に向かって、貯金計画を立てようとしているんですね。留学時期や留学先の場所も、具体的に話し合えていて、素晴らしいです。その……ネコマルさんですか？　お友達のアドバイスが的を射ていますね」

オフィスの一室、ファイナンシャル・プランナーの山内さんが、ユウコとハルトの話を聞いて大きく頷いた。ミサキとタケルも同席している。タケルは普段話すことのない職業の人を前に、緊張して背筋をピンと伸ばしていた。

経緯を話しながら、ハルトがうっかりネコマルの名前を出してしまったときには慌てたが、山内さんは人間のあだ名だと思い込んでいるようだ。「まさか招き猫に宿った妖精だとは、誰も思わないよね」とタケルは内心おかしく感じた。

「それでは、この『家計のバランスシート』に現在の資産や負債の状況を書き出してみましょう。項目ごとに、お二人で確認してみてください」

紙を山内さんが取り出した。資産の欄に「現金」「普通預金」「株式」「投資信託」……、負債の欄に「自動車ローン」「カードローン」……などの項目が書かれている。ユウコとハルトは二人で思いつくものを挙げながら、枠のなかに金額を書き込んでいく。

「続いて、これからの家族のイベントやお金が必要になるタイミングを書き出して、ライフプラン表をつくります。そのあとキャッシュフロー表をつくって、収入・支出・貯蓄の流れを明らかにしていきましょう。そうすると、いつまでに、いくら貯めたらよいのか、具体的な目標貯金額が見えてきますよ」

山内さんはニコッと笑った。

家族だけで話していたときにはあんなに行き詰まっていたのに、山内さんの言うとおりに整理していくだけで、家族のお金についてどんどんクリアになっていく……。「これがお金の専門家か」とタケルは眩しく感じた。

「いつか留学できたら」という漠然としたミサキの夢は、いつの間にか応援してくれる家族みんなの夢となっていた。そしてネコマルと山内さんの力を借りて、具体的な「目標」として、取り組んでいくことになる。

解説編

家族みんなで、夢をかなえるための資金計画をする

夢をかなえるための目標設定のやり方

山村家は「3年後に留学する」「1年後に海外旅行をする」という大きな目標に向けて動き出しました。何かを手に入れることも大事ですが、何かを行う、体験することは子どもの成長にとってかけがえのないものです。ただあまりに漠然としていてイメージをつかみにくいと思うので、もう少し身近なお金の使い方である買い物を例にして「欲しいものを買うための目標設定」について考えてみます。

例えば子どもが「自転車が欲しい」と言い出したとします。「全額、親が出してやる」もしくは「諦めなさい」の二択で考えるのではなく、自転車が欲しい、という子どもの目標に向かって、親子で一緒に取り組むことをおすすめします。

【やること1】欲しいもの（やりたいこと）の金額を確認する

欲しい自転車について親子で話して決めていきます。必要な性能やどんなものが長く使えるか、などの判断基準も与えつつ、一緒に具体的に考えていきます。

次に、子どもと一緒に、欲しいものの値段を調べてみます。実際に金額の目安が分かると、手に入れるために必要な時間と労力をイメージできるようになります。

欲しいものが高すぎる場合は、安く手に入る方法はないか考えてみるのも良い方法です。新品か、安い中古品にするのか、親が援助するのか、など、子どもの年齢も考えながら現実的に可能な挑戦になるよう、親がアドバイスをします。

【やること2】欲しいものが手に入る（やりたいことが実現する）期間を計算する

子どもと相談して、購入する方法と期間を決めていきます。おこづかいから一定額を貯金したり、すでに貯めているお金があれば、それを使用して購入したりする方法が挙げられます。

日々のおこづかいから一定額を貯金していく場合、欲しいものが手に入るまでの期間を計算してみましょう。初めのうちは、手に入れるまでにあまりに時間がかかってしま

う と、子どもがやる気を失ってしまう可能性があります。子どもが自分で目標に向けて貯金をできたという成功体験をつくりたい場合は、３カ月から半年をめどに貯金が完了するように工夫するとよいです。

【やること3】おこづかいアプリなどを使って進捗を記録する

おこづかいアプリの貯金機能などを使って、貯金の進み具合を子どもと一緒に記録していきます。進捗を確認し、あとどれくらいで欲しいものが手に入るかが目に見えて分かるようになると、子どものやる気も高まります。

実際に始めてみて「計画どおりにやるのは難しい」と分かったとしたら、改めて計画の見直しや修正を行います。進みが遅ければ月の目標額を増やしたり、お手伝いの報酬を貯金に回したりしていきます。

もし貯めている途中で「ほかのものが欲しい」と子どもが言い出したとしても、親が過度に干渉せず、アドバイス程度に抑えます。

「これを買ったら、欲しいものが遠のくけど大丈夫？」「今欲しくなったものと、これまで欲しいと思ってきたもの、どっちが大切？」などと問いかける程度のアドバイスであれば、子どもの判断力を養う機会となるはずです。

たとえ「やっぱり自転車は要らない。貯めたお金を、新作のゲームを買うことに使いたい」などと言い出したとしても、子どもの思いを否定しないでください。気が変わることもありますし、ひょっとしたら、実はそこまで自転車が欲しいわけではなかったのかもしれません。

ただ実際にゲームを買ったあとで「やっぱり自転車を買うのにお金を使えばよかった」などと子どもが後悔するケースもあります。その経験は、次の目標を目指す際の貴重な教訓となります。

子どもがあまりに自分を責めすぎている場合は「ほかのものが欲しくなっちゃうこともあるよね。もう1回頑張りたいなら、また貯金を始めてみようよ」と前向きな言葉をかけてください。

大きな買い物をするために、家族マネー会議を開く

山村家がやってみたように、家庭内で大きなお金が必要になったとき、親だけで決めるのではなく、子どもも含めた家族全員でマネー会議を開いてみると、子どもにとって

も良い勉強の機会になります。

例えば家や車など高額な買い物の場合、欲しいものを手に入れるためにどのように考えて、実行すればよいのか。足りない分の予算をどのように補うかなど、子どもが自主的に考えるようになります。

家族旅行の行き先や、家電製品の買い替えなど、子どもも含めて家族全員で使うものや楽しみな予定について、家族マネー会議を開催してみると、子どもも積極的に参加しやすくなります。

家族マネー会議を開くときのポイントとして、なぜそのような会議を行うか、購入することで家族それぞれにどのようなメリットやデメリットがあるかをしっかり話し合うようにします。親だけではなく、家族全員が納得できる決定につなげることが大切です。

家族マネー会議を行うときは、買うことを検討するものについて発表したうえで、開催日時を決めます。子どもにインターネットやカタログなどを使って情報収集を任せると、責任感を持って参加することができます。

議長は大人が担当し、議題と予算をもとに家族全員の意見を出し合い、話し合います。

その際、子どもの意見もきちんと聴き、不公平感を与えないようにします。あらかじめ家族会議のアジェンダ（議題事項）をつくっておくと、効率よく進められるかもしれません。

〈家族会議のアジェンダの例〉

分かりやすいように、ここでは「欲しいものを買う」というテーマで進めていきます。

①日時　②発案者、参加者　③買いたいものと予算　④買いたい理由
⑤買うことで得られる家族のメリット
⑥買いたいものの選択肢とそれぞれの金額、メリット・デメリット
⑦家族全員の意見　⑧意見をもとに判断軸の決定
⑨買う、買わないの最終判断、買う場合は候補決め

買うものが決まり、そのためには貯金が必要となったら、山村家のように、子どもにも貯金に協力してもらうのがおすすめです。「自分も家族のための買い物に貢献できた」と満足につながり、買ったものを大切に使ってくれるかもしれません。

貯金金額は、子どものおこづかいから出せる程度の金額に設定します。子どものお金が目標に向けてどの程度足しになるかにはあまりこだわらず、家族で共有した目標に対して、子どもが自分でおこづかいのやりくりをして、参加できているという体験をつくることが大切です。

あまりに大きな買い物であることや「これを買うためにはローンを組まなければいけない」などと借金を強調しすぎると「家族の買い物のために、自分のやりたいことを我慢しなければ」と、子どもが自分の夢を潰してしまうことがあります。子どもにプレッシャーをかけることなく、家族で無理なく実現可能な目標に挑戦しましょう。

もし予算が足りない場合は、安い店を探す、セール期間まで待つ、毎月貯蓄するなど、具体的な方法を子どもに共有すると、これも学びになります。

家族それぞれの目標貯金額が決まったら、①それぞれの目標金額に対して毎月どれくらい達成できたか、②家族トータルでどれくらい貯金が積み上がったか、③目標金額まで残りあといくらかの3点について進捗確認していきます。

そして目標金額を貯金することができたあかつきには、子どもも含めた家族全員で予定を合わせて実際に買い物に行くのがおすすめです。喜びを共有し合えるのに加えて、子ども自身が、家族の一員として話し合い、購入した責任を感じることができます。

ファイナンシャル・プランナーの力を借りる

山村家がつまずいたように、資産や負債の全体像を把握し、長期的な視点から収支のシミュレーションをするのはかなり難しいです。そこで家計に関わる金融、税制、不動産、住宅ローン、保険、教育資金、年金制度など幅広い知識を備え、経済的な側面から相談者の夢や目標をかなえるサポートをする専門家がいます。ファイナンシャル・プランナー（ＦＰ）です。

相談者のライフスタイルや価値観、経済状況などを考慮したうえで、収入と支出の内容、資産、負債、保険などのデータから家計の状況を分析します。そしてさまざまなアドバイスや資産設計をして、相談者の目標達成を援助するのです。

ファイナンシャル・プランナーは住宅資金についてだけではなく、日々の家計管理や教育資金の捻出、資産運用、老後の生活設計など、さまざまな相談テーマにも対応しています。相談してみることで、自分がどのようなライフスタイルを送りたいかの解像度が上がります。これからどのような暮らしを送りたいかの具体的なイメージをしたうえで、収支のシミュレーションをしてもらい、日々の支出管理のみを頑張ればいい状態になると、かなり楽になります。

ファイナンシャル・プランナーへの相談料金に規定はなく、事務所ごと、個人ごとに独自設定しています。独立系ファイナンシャル・プランナーを中心とした相談料金について、日本FP協会の調査によると、相談時間1時間につき「5000円から1万円未満」のところが最も多い結果になっています（出典：日本FP協会「相談料の目安（有料相談）」）。

一方、無料相談を受け付けているファイナンシャル・プランナーもいます。一見お得なように見えますが、相談の報酬は無料でも、相談者が購入する商品代金を通じて、企業から間接的に報酬を得ているケースがあります。私の場合は、特定の商品の営業などがなく、中立的で公平な立場で相談に乗ってもらいたいと考えたので、有料相談を選びました。

このような仕組みがあることも知ったうえで、実際に相談するとしたらどんなファイナンシャル・プランナーを選びたいか、家族で検討してみてください。

衝突するのは、お金にまつわる価値観がそれぞれ違うから

「さーて、今月の家族マネー会議を始める、マルっ」

ネコマルの呼びかけに、家族四人が続々とリビングに集まってきた。テレビの横には、家族みんなの貯金目標額が書かれた模造紙が貼ってある。

ファイナンシャル・プランナーの山内さんのアドバイスを参考に、ユウコは留学と海外旅行に必要な金額の予算を立てていた。

あくまで概算だが、海外旅行にかかる費用（航空券、宿泊、食事、観光費用など）として、家族四人で約80万円。そして留学費用（学費、生活費、航空券など）として約300万円（ミサキの留学を3年後として、1年間で約100万円貯金）を用意しなくてはならない。

そのうえで、旅行と留学のために毎月、どれくらい貯金するかを家族で相談し、次のように決めた。

家族全員での貯金額：毎月5万円を積み立てる

ミサキの貯金：自分のお小遣いから月々３５００円を貯金
タケルの貯金：自分の誕生日プレゼントやお年玉など、使わないお金を貯めていく
また、家計のなかで節約できる部分（光熱費、食費など）を見直し、少しでも貯金額を増やすことも決めていた。

「じゃあタケルから報告してっ」

家族マネー会議を仕切るのはネコマルである。

「はいっ！　えーと、ぼくは今月おこづかいから、目標金額の３００円を貯金することができました！」

と、立ち上がったタケルは、家族みんなに向かって自分のスマホを掲げて、おこづかいアプリの画面を見せつけた。わーっ、とハルト・ユウコ・ミサキが拍手をする。

ユウコがタケルの貯金額を模造紙に書き込む。「すごいね、先月に引き続き目標達成だ！」とハルトが褒めてくれる。タケルは片方の眉を上げて「すごいでしょ？」と誇らしげな表情をした。

「よーし、じゃあ次はミサキっ」

進捗報告は続いていく。

ひととおり終わったところで、四人は数字がたくさん書き込まれた模造紙を見つめた。

「うーん……みんなそれぞれは頑張っているんだけど、目標と比べてみると……家計をあと3万円、節約したいんだよなあ」

ハルトがズボンの上で両手を擦《さす》る。

——あ、これはまた始まるぞ、とタケルとミサキは身構えた。

そこからユウコとハルトによる、家計のどのお金を削るのか、についての怒濤《どとう》の応酬が始まった。

「外食をする機会を減らさない？」とユウコ。「うーん、外食費を削っても、そこまで大きな削減にはならないんじゃないか？　それよりも、子どもたちの教育費が高すぎるような気がするんだけど」とハルト。「何を言ってるの。外食費を軽視することはできないわよ。家族四人で食べに行くと、それなりの金額がかかってしまうんだから。そして、教育費を削るのは論外！　ミサキの高校受験も見据えて、塾代は妥協できません！」とユウコ。「だってまだ中1だろう……」とハルト。「じゃあ海外旅行をやめたらどう？」とユウコ。「何言ってるんだ。海外旅行は子どもたちにとっても貴重な体験になるじゃないか！」とハルト……。

――ずーっとこの調子だ。

このところの家族マネー会議は、いつも家計のどの部分を優先し、どこを節約するのかについてユウコとハルトの考えがすれ違い、収拾がつかないまま終わっていた。

二人のやりとりをハラハラと見つめていたタケルが、思い切って口を開いた。

「大丈夫だよ、ママ、パパ！　ぼくがもっと貯金額を増やして、ママとパパの力になるから。月２５００円の貯金に挑戦することにするよ！」

おーい、こらこら、とミサキとネコマルが同時にタケルに突っ込みを入れる。ミサキが呆れたように言った。

「あのねえ、タケルのおこづかいは毎月３２００円でしょ？　２５００円を引いたら、残りは７００円だよ。週１７５円。それで文房具や友達と遊ぶお金、足りる？」

タケルは顔を引きつらせながら「文房具、もう買わない……。友達と遊ぶの、我慢する……」と答える。「ムリムリ、それ、絶対失敗する計画だから」と言いながら、ネコマルがカタカタ揺れる。

はーっとため息をついたユウコが、言葉を絞り出す。

「ごめんね、タケルにそんなことまで言わせて。やっぱりママとパパが管理している家計全般を見直さないとダメなんだけど、範囲が広すぎて、どこをどう削っていいのか……」

「タケルありがとうな、協力してくれて。ママと一緒にもっと考えてみるよ」

ハルトがタケルの頭を撫でる。タケルは、そっかあ……と沈黙した。

ネコマルがひょいっと体を翻し、ユウコとハルトのほうに向き直った。

「家族といえども、みんなそれぞれ『お金にまつわる価値観』は違うのよね。どれにお金をかけたいか、どれなら削ってよいか、その価値観のすり合わせができていないから、ママとパパは今、どこをどう削ればよいのか、判断できないんじゃないかなっ」

ユウコとハルトは、うんうん、そのとおりだ、と首を縦に振る。

「無茶な目標を掲げて、ひたすら我慢するのは現実的じゃないし、生活の満足度がダダ下がりしちゃう。家族みんなの満足度をあまり下げずに、あと3万円節約するには、どこを削るとよいのか……。さて、どうやって家族みんなの価値観をすり合わせたらよいと思う？」

ネコマルの問いに、はいっ、とミサキが手を挙げた。

「私とタケルは、毎月おこづかいアプリを使って振り返りをしてるでしょ。ママとパパもスマホアプリで使ったお金を記録してるんだよね？　そのアプリをみんなで見ながら、お金の使い方をチェックして、満足度がそんなに高くなかった出費はないか、振り返りをしてみるのはどうかな？」

家計簿アプリで振り返りをしてみてはどうか、というミサキの提案に、ユウコとハルトはなるほど……と頷いた。

「子どもたちには『おこづかいアプリで振り返りを』と言っているのに、親である私たちができていなかったわね」とユウコが頭をかいている。

「ミサキ、すごくいい提案だね！　具体的にアプリを見ながら、使い方を振り返り、家族みんなの満足度につながるお金とつながらないお金について、話し合ってみようよ。人それぞれ、お金の価値観は違うのが当たり前。だからこそ、話し合い、寄り添うことが大事じゃな～い？」

ネコマルも賛同した。

「大丈夫だよ。うまくいかなかったら何度でも計画を練り直し、修正していけばいいんだ。貯金計画に失敗はな～い。何度でも、試行錯誤を繰り返していくのだ、マルっ」

解説編

お金だけじゃない、目標をかなえるために大事なこと

家計簿アプリで夫婦の価値観のすり合わせ

家族の買い物や、やりたいことの実現について具体的な目標を立てた。家族の資産・負債状況を把握し、将来的な収支のシミュレーションをして、月にいくら貯金をすればよいか、目標金額を設定できた。あとは毎月コツコツ貯金をしていくだけ。優先度の低いものからお金を削っていこう……。

しかし、ここで意外な落とし穴が待っていることがあります。家族それぞれに、どれを優先したいのか、何にお金をかけたいのか、価値観が違うということです。

家族のお金については一人で考えずに、家計簿アプリなどで実際の出費の内訳を見ながら「家族みんなの満足度につながっているのは、どんなお金の使い方かな?」「満足度を下げずに、出費を○○円削るためには、どの部分を見直していけばいいかな?」と具体的に話し合っていくことが、お金についての価値観をすり合わせるコツです。

迷ったり衝突しそうになったりするときは「貯金の目標の見直し」と「達成度の見える化」の2つにトライしてみてください。

「貯金の目標の見直し」は、改めて貯金の目標に立ち戻り「いつまでにいくら貯めたいか」を見直しながら、現実的な計画を立てていくことです。一度立てた目標を修正するのは失敗ではありません。また、目標までの距離を再確認することで「この1年間だけは外食や旅行を減らそう」などと優先順位をつけやすくなります。

「達成度の見える化」は、目標に対して今どれくらいまで達成できたか、家族みんなで一目見るだけで分かるような状態をつくっておくことです。

家族や友人など複数のメンバーで同じ目標に向かって貯金ができるアプリもあるので、それを利用するのも一案です。ただ子どもと一緒に家族で貯金をする場合は、大きな紙にまとめて、リビングに貼っておくのもおすすめです。一覧化できて、毎月の達成度が一目で分かるのでモチベーションアップにもつながります。

お金を知ると、夢に向かって一歩踏み出せる

何度目かの家族マネー会議は、穏やかに進んでいった。

あれからユウコとハルトは家計簿アプリを見ながら、具体的な出費について二人で振り返りをしたのだという。また「1年後の海外旅行」「3年後の留学」という目標から逆算し、この2年間は集中的に家計の節約に取り組むことにしたのだそうだ。いつまでも節約しなければいけない、と思うと気が滅入《めい》るが、2年間という期間を設定することで、家族みんなで頑張れるのではとユウコは話した。

さらにユウコとハルトからは、これからの2年間は「外食費や出先で買う飲食費」を重点的に節約したいという提案があった。

「もちろん協力するよ！」

タケルは胸の前で親指を立てた。うちにはお金がないから外食を我慢してくれ、と言われたらちょっと悲しくなるが、家族みんなの目標につながっていると思うと、外食以外で工夫して毎日を楽しもうと思えるのが不思議だった。

「ありがとう。じゃあタケル、朝ママと一緒に、パパとママのお弁当におかずを詰めたり、水筒にお茶を入れたりしてもらえないかしら？」

「もちろんだよ」

お、言ったなあ、という顔でユウコとハルトが笑う。

「ということはタケル、今より少し早起きしないと」

「あ、う、うん。頑張る」

タケルは鼻を触りながら答える。

ミサキはリビングに貼られた模造紙を見つめた。「現在の貯金額」の欄を見ると、１カ月ごとに着実に数字が増えているのが分かった。それがミラクルや一発逆転の奇策によるものではなく、家族の地道な工夫や取り組みによるものだということが、ミサキにはよく分かった。

「いつか海外留学できたら」

そんなことは夢のまた夢だと思っていた。でも今は家族みんなが私の夢の実現のために頑張ってくれている。３年後の海外留学が本当にできるような気がしていた。そして本場のディズニーランドでアトラクションを楽しむ家族四人の姿や、シアトルの街をさっそうと歩く自分の姿が、まるで映画のワンシーンのように頭のなかに浮かんでくる。

――お金ってすごい。かなうはずもないと思っていたことも、現実的な計画を立てれば近づくことができるんだ。未来の可能性をどんどん広げてくれるものなんだ。

そう実感しながらタケルや両親を見つめているうちに、不意に涙がこみあげてきて、ミサキは思わず家族から目を逸らした。大切な家族三人が背中にそっと手を添えてくれているような感覚があった。

――そうか、家族で貯金に取り組んだことで、みんな自信がついたんだなっ。

ネコマルは四人の顔を見ながらそう思った。お金の使い方を知り、お金を通じて自分を知った。お金を味方につけて、きっとやりたいことを実現していけるだろうという期待と幸福感が山村家のリビングを包んでいた。

「短期的に満たされるだけではなく、中長期的な未来の夢や目標を描き、そこに向かって、計画的にお金を準備する。その力が未来を切り拓くんだ。タケルやミサキのおこづかいは、家族みんなの夢をかなえることにも、自分の将来の夢を実現させることにもつながっていく。お金を通じて幸せになるのだ、マルっ」

第5章

～みんなの幸せを願って、すてきなお金の使い方をしよう～

おこづかい教育で実現する

子どものデジタル×マネーリテラシー

おこづかいを使って、もっと幸せになるために

――ここ、いったい何のお店だろう。レストランみたいだけど……ちょっと違う？

学校が終わったあと、ショータの家に寄ったタケルは、その帰り道に気になる外観の建物を見つけた。入り口の前に立てかけられた看板には、かわいい動物の絵と一緒に「いつでも、誰でもどうぞ」と書かれている。

お店はガラス張りで、外には料理の献立らしい写真の掲示がある。ハンバーグの写真が、なんともおいしそうだ。

タケルが掲示の隙間からガラスの向こう側をのぞくと、小学1年生くらいに見える子から、ミサキと同じ中学校の制服を着たお兄さん・お姉さんまで、幅広い世代の子どもたちがテーブルを囲み、食事をしていた。

タケルがガラス越しにその様子を眺めていると、スタッフらしきお兄さんが扉を開けてタケルのところにやって来た。

「お、食事をしに来た子かな？　どうぞ、入っていいよ！」

お兄さんに声をかけられて慌てたタケルは「いや、違うんです。あの、その……」とドギマギうろたえたあと、小さな声で「ここはレストランですか……？」と聞いた。

「あー、ここは『子ども食堂』だよ！」

「子ども食堂……？」

「子どもなら誰でも無料で利用できる食堂のこと。だからもちろん、キミも利用できるんだよ！」

「む、無料……？」

タケルの驚いた顔を見て、フフッと笑ったお兄さんは、子ども食堂についてタケルに詳しく教えてくれた。

子ども食堂とは、経済的な理由から家で食事をとるのが難しい子どもたちや、親が働いていたり不在だったりして一人で食事をせざるを得ない子どもたちのために、無料または安価で栄養のある食事を提供する場所のことだそうだ。この子ども食堂は子どもが地域の人たちと交流する場にもなっているようで、タケルの住む街のボランティア団体が運営しているのだという。

お兄さんは、近年、一人で食事をとる「孤食」が社会問題になっていることを教えてくれた。特に子ども一人だけで食事をすることが習慣化している場合、好きなものや決まったものしか食べなくなり、栄養が偏ったり、孤独で心がつらくなってしまったりといった問題につながるケースもあるのだそうだ。

その話を聞いた瞬間、どきんとタケルの胸が痛んだ。

家に帰ると、タケルはお兄さんから聞いたことをネコマルに話した。

「……ガラス越しにのぞいただけだけど、学校も年齢も違う子たちがみんなで同じごはんを食べているのを見て、なんだかいいなあ、すごくあったかい場所だなあ、って思ったんだ。そういえば、ぼくが小学1年生の頃、今よりもっとパパとママの仕事が忙しくて、毎日の夕飯を家族みんなで食べられなかったのを思い出したよ。ぼくにはお姉ちゃんがいるから、一人で食事をすることはあまりなかったけど、お姉ちゃんが塾に行き始めてからは時々一人で食べることがあって……すごく寂しかった……。あの頃はネコマルもいなかったし……」

タケルは一気にネコマルに話したあと、ぽつりと「あのお兄さんは、ボランティアで子ども食堂を手伝っているのかな」と言った。

ネコマルは、うふふ、と喉を鳴らしながらタケルを見上げた。

「タケル、その子ども食堂のために、何かしたくなったんだねっ」

タケルはええっと顔の前で手を振る。しかし、じーっと見つめてくるネコマルの視線に目を合わせたあと、すぐに逸らし、小声で「そうかもしれない。……不思議だけど、突然そんな気持ちが湧いてきたんだ」とつぶやいた。

「そっか。タケルは子どもの孤食の課題や、子ども食堂という場所に興味を持って、何かしたいって思ったんだ。タケルの心に、何かひっかかるものがあったんだね」

そう言うと、ネコマルはびしっとタケルのほうに向き直り「それなら今すぐ、その子ども食堂の名前を検索してみるべしっ」と言った。タケルは言われるがまま検索して、見つけたサイトのなかに「寄付」の文字を見つけた。

そこには「この子ども食堂は、みなさまからの寄付によって成り立っています。あなたの寄付が、子ども食堂を支えるメンバー、そして、ここにやって来る子どもたちの力になります」と書かれていた。

さらに人差し指でページをスクロールすると「デジタルマネーやスマホ決済、クレジットカードを通じて寄付することもできます」とある。

タケルはその文章を読んで、どくどくと胸が高鳴るのを感じた。

――ぼくのおこづかいが、あの場所をつくる人たちや、あの場所に集う人たちの力になる？

タケルはおこづかいアプリを開き、残りの金額を見ながら、いくらまでなら送れるだろうと考えた。このお金は自分のためにチョコを買ったり、家族で旅行するための貯金をしたりといったおこづかいの使い方とはちょっと違う。

タケルはドキドキした。家族や友達といったよく知る人たちのために使うんじゃない。もっと広く、遠く、まだ会ったことのない誰かのところまで届くお金……。

「そっかあ、タケルは子ども食堂に興味を持ったのね」

帰宅したユウコとハルトの前で、タケルは「子ども食堂に寄付をしてみたい」と打ち明けた。タケルが見つけたサイトをチェックしてくれたハルトが「いいじゃん。寄付してみなよ」と親指を立てる。

「なるほど〜子ども食堂ねぇ。ちなみに私は、自分の『寄付・プレゼント』の財布から、毎月少額、地域猫活動の応援をしているよ」

とミサキがタケルに言う。猫、の言葉に反応したネコマルが「チイキネコ⁉　どんなネコ？　どんな活動？」と聞き返す。

「地域猫活動は、飼い主がいない猫と地域が共生するために、猫の健康管理やトイレ掃除などを行う活動。地域のＮＰＯ団体が主導しているの。中学校の先輩から聞いたんだけど……その……飼い主のいない猫が繁殖してしまうと、殺処分されてしまう猫が増えることになるんだって……。そんな悲しいことを少しでも減らせるように、この地域猫活動を応援したいって思ったのよ」

殺処分と聞いて、ネコマルは言葉を失っている。そのような活動が世の中にあることも、ミサキがその活動に寄付をしていることも、タケルはまったく知らなかった。

「……なんて、偉そうに言ったけど、本当はただ猫が好きなだけなんだけどね」

とミサキはネコマルの頭をぽんぽんと叩いた。ネコマルはコクコクと頷く。

「何言ってるの、素晴らしいわよ。好きなことや興味のあることを通じて、地域のために自分のおこづかいを使っているのだから」

ユウコの言葉を聞きながら「一人で食事をする子どもが減り、あの場所がもっともっと温かくなったら、この街はより良くなるのかもしれない。そのためにぼくのおこづかいを少しでも使えたら、ぼくも幸せな気持ちになれるだろう」とタケルは思った。ミサキもまた「私のおこづかいをどんなふうに使えば、私にとって、そしてこの地域にとっていちばん良いのだろう」と考えを巡らせていた。

——そう、今あるお金を使って、どうすればいちばん自分の満足度を高められるだろう、と考えていくと、自分だけではなく身の回りの人や大切な場所、地域、社会へとお金の使い方が広がっていくんだよね。自分の関心事から世界が広がっていく。「まるで自分のことのよう」と思える領域が、自分の外側にも広がっていく……。

タケルとミサキの誇らしそうな顔を見つめて、ネコマルは肩を少し震わせた。二人の成長が眩しく見える。

そして同時に——彼らとの別れが近いと、ネコマルは予感していた。

解説編

自分の内的な思いと向き合い、どんな問題に貢献したいか考える

興味・関心から始める、寄付やクラウドファンディングのすすめ

子どもたちはおこづかいアプリの活用法や、振り返りを実践していくことで、自分の内面と深く向き合うことになります。親や他者から見て良い使い方ができているか、ムダ使いと思われないか、といった他者主体のものの見方ではなく、どんなお金の使い方が自分の満足や幸福につながるかを自分で考え、自分自身でより良い使い方やふやし方、お金を投じる先について判断していく。自分で判断するからこそ、失敗や、思いどおりにならず歯がゆい思いを味わうこともあります。

こうしたおこづかいの試行錯誤を通じて、自分を知り、自分が没頭できることに気づいた子もいるかもしれません。自分の興味に没頭し、自分の心がどうすれば満足するかを考え、優先できるようになっていく。それを積み重ねていくと、自分を満足させるだ

けでは飽き足らず、家族や友達、興味のある分野やそれに関わる人たち、それを育む地域、取り巻く社会へと、自分が貢献したい範囲が広がっていくことがあります。

「どこに寄付をしよう」と考えることは、自分の内的な思いと向き合い「自分はどんな社会問題に関心を持っているか?」「どんな問題に貢献したいと思っているか」と自分の気持ちの解像度を上げることにつながります。

とはいえ、必ずしも大きな社会問題に自分のおこづかいを寄付しなければいけない、というわけではありません。それよりもっと身近で、自分に関係があると思うテーマや、興味のあるテーマから寄付を始めてみるのがおすすめです。自分の好きな分野にお金を投じることによって、ダイレクトに自分の満足度を高めることができます。

例えば自分も利用する公共施設に寄付をすれば、その恩恵を利用者である自分も受けることになります。地域のスポーツチームに寄付すれば、自分の街のチームが盛り上がり、もっと広いエリアに自分の街の魅力をアピールするきっかけになるかもしれません。このように自分が所属している集団や地域、社会のために寄付をすると、「自分の投じたお金で、自分を含めた集団や地域、社会が良くなっていく」実感を得やすいです。

また、寄付を通じて、自分が共感する課題に取り組む人たちや、志を同じくする人たちとのつながりを感じられたり、自分の行動で社会を少しでも変えられると自信を得られたりするのも、寄付のメリットといえます。

さまざまな社会課題意識や興味分野から、それにつながる寄付先はいろいろあります。「私はこれに関心がある。もっと知りたい」「このテーマに憤りを感じる／心が動く」といった自分ごとに思えるジャンルはないか、親子で一緒に考えて、具体的な団体について調べてみるのもよいと思います。

ただし寄付先を選ぶときには注意点があります。団体のなかには、寄付金を不適切に利用する団体もあるのが現状です。子ども自身のおこづかいを適切に支援に活用してもらうために、寄付先を調べたり選んだりするときには「寄付の明確な使い道や、これまでの実績が公表されているか」「自治体や国の認可を得ているか」「活動期間が長いか」といったポイントに注意しながら、確認していく必要があります。

また未成年から寄付をできる団体の多くが、保護者の同意を必要としています。子どもが寄付をする前に、親に相談することをルールにしましょう。寄付先に怪しいところがないか、親の目からもしっかり確認してください。

お金は、自分の人生をより良く生きるためのツール

小学校からの帰り道。タケルは頭上の桜の木の枝に、薄い桃色の蕾《つぼみ》がたくさんついているのを見つけた。蕾は今にもはち切れそうなほど膨らみ、暖かな風が少しでも枝をゆすったら、ぱちんと弾けて花が開きそうに見えた。

――そっかあ、もう春だ。

タケルは、ちょうど1年前の自分を思い返していた。初めてプリペイドカードを通してもらった、定額制のおこづかい。買い物をするのがただ楽しくて、友達におごってやるとその一瞬だけ得意げになれて、カードを渡すだけでどんどんものが手に入ることに興奮して……。「そっか、たった2日でぼくはおこづかいを使い果たしたのだった」とタケルは思い出し、恥ずかしくなって片手で頭の端をつかんだ。

――あのときと、今では「お金」というものの見え方がまったく違うな。

おこづかいについてネコマルのアドバイスを受け、去年の今頃から、山村家ではさま

ざまな取り組みを始めた。なかでもタケルがうれしかったのは、ユウコやハルトから一定額のおこづかいをもらったあと、その使い道を全面的に委ねてもらえたことだ。おこづかいアプリでユウコとハルトに自分のことを見てもらっている安心感はありながらも、ユウコとハルトから「これを買っちゃダメ」「これはムダ使いだよ」などと言われることは決してなかった。

お金を使って、その使い道をアプリで記録して、振り返る。

そのシンプルなプロセスを繰り返すだけで、タケルのお金に対する感覚はどんどん変わっていった。自分がどのようにお金を使うと満足するのか、今この瞬間だけではなく長い時間その満足度が持続するのはどういう場合か、タケルは徐々に、自分に問いかけるようになっていった。

最初のうちは「満足度を指標に、おこづかいの使い道を振り返る」と言われてもいまいちピンとこなかった。その理由が、今のタケルにはよく分かる。その場の衝動や周りの雰囲気に流されてばかりで、自分の内なる思いに耳を傾けることなど、これまでほとんどなかったのだ。

「こういうものを手に入れたら、周りからカッコいいと思われそう」「つい、うっかり、みんなが買う流れで、パッケージを見たら自然と欲しくなっちゃって」——そんな衝動的な物質的欲求に流されるままだったタケルだが、だんだんと、自分の心に関する解像度が上がっていき、自分の心がどのように満たされるかの感覚が鋭敏になっていった。

ものではなく体験にお金を使うことによって、それが思い出に変わり、体験している間だけではなく、そのあともずっと自分を満たしてくれること。週に一度、お金をもらえるのを待っているだけではなくて、自分の力で誰かを助け、「ありがとう」を生み、お金を手に入れられる仕事の喜び。自分の好きな分野や興味のあるテーマに没頭することによって、知識や経験やスキルに磨きがかかっていき、将来の自分がより多くのリターンをもたらしてくれること。家族みんなで夢に向かって協力し、具体的な行動を積み重ねていくことで得られた「夢を現実の目標に変えていく」自信と達成感。

そして、自分の満足度をひたすら追求していった結果、ほかの人のためにおこづかいを使う喜びや幸福感を知ったこと。

あのあと子ども食堂に数百円の寄付をしたタケルは、あの建物の前を通るたび、ガラス越しになかにいる子どもたち、スタッフの人たちの笑い声が聞こえてくるのを、幸せな気持ちで聞いた。

一方、全国の子ども食堂について気になり、調べていくうちに、子ども食堂という場所を拠点にして、さまざまなイベントで地域交流をしている事例などを目にして「いいなあ。うちの街でも子ども食堂に地域のいろいろな人が集まるイベントをやりたいなあ」と妄想するようになっていった。

「ぼくがいいなと思う、あの場所に集う人たちが、より満足できるような世界にするには、どうすればよいのだろう」――抱き始めた問いは、自分や、自分の大切な人たちがより満足できるような社会、国にしていくにはどうすべきかを考えること、そしてみんなが幸せになれる世界といったとてつもなく大きなものにつながっているような予感がする。

自分の心の動きが分かるようになる。気になることが増える。知りたいことに気づく。やりたいことが見えてくる。

これも、今まで見えなかったお金のやりとりを簡単に可視化できる、デジタルマネーの効用の一つなのだろうか。自分がお金を使ったりふやしたりする過程を振り返り、自分のやりたいことが見えてくると、自然と、それを実現するためのお金との付き合い方を考えるようになっていく。

お金とは単に、ものやサービスと交換できるもの、というだけではなくて、自分の人生をより良く生きるためのツールなのだな、とタケルは改めて思った。お金について知れば知るほど、お金はタケルにとって心強い味方になっていった。

——デジタルおこづかいから出発して、なんだかずいぶん遠くまできた気持ちがするな。すべてはあの日、小学3年生の始業式前夜、ネコマルが現れてから始まったんだ。


夕飯どきになると、タケルの膝の上でみんなの食事の様子を見守るのが日課のネコマルだったが、この日はどこか様子がおかしかった。

タケルやミサキが話しかけても、返事が噛《か》み合わない。心なしか遠くを見つめているような気がする。見つめている、というか、時々遠くの世界に魂ごと移動しそうになっている、というか……。

どうしちゃったんだろうと、ユウコとハルトもネコマルを心配そうに見つめている。

「な、な、泣いてるの？」

ネコマルが突然、宙に向かって話しかけ始めた。

「えっ？　何？　誰も泣いてないよ？」

「ちょっとネコマル、誰に向かって話しかけてるのよ」

タケルとミサキはゲラゲラと笑う。しかし宙を見つめるネコマルの目は真剣に光っているように見えた。ふざけている様子ではなかった。

「分かった。分かったって。おこづかいを使い切っちゃったんだね。今、そっちに行くから、ちょっと待ってて」

そうネコマルが言ったあと、魂がしっかり戻ってきたかのようにネコマルの胴体が震えて、ぐるんとタケルのほうへと向き直った。

「タケル。みんな。お別れみたいだ。ネコマルのことを待っている、次の家へ行くよ」

――え？

家族全員が呆然《ぼうぜん》とネコマルを見つめた。あまりに突然だった。

「待って、待ってネコマル。やだよ。ぼく、まだネコマルと一緒にいたい。これからもぼくたちにお金のことを、もっと教えてよ」

タケルはぶんぶんと首を振った。

「その必要はないよ。だって……」

ネコマルはタケルの目を見た。そしてミサキ、ユウコ、ハルトの顔を順に見つめていく。

「みんな、すっごくいい顔になったから」

お金を使うのが怖い、おこづかいは貯金一択だ、と言って譲らなかったミサキが、今は自分の興味のある分野や将来進みたい方向性をしっかり見つめて、それを実現するためにお金を使い、貯め、ふやしている。中学2年生になる今年度は、自分のおこづかいから受験料を出して、英語の検定に挑戦するとまで言い始めた。きっとミサキなりに、将来の留学に向けて必要なアクションをいろいろと考えているのだろう。

夏休みには家族の目標の一つだった海外旅行で、本家のディズニーランドに行くことになる。このために貯金した分はまだ足りなかったが、ユウコがそれまでに貯めていたお金で不足分を賄うことになっていた。

タケルがお金を使いすぎるのが心配でしょうがなかったユウコは、おこづかいアプリを通じてタケルにお金の使い方を委ね、見守ることができるようになった。これまではいちいちタケルに欲しいものをねだられるたび、買ってやるべきかどうか迷ったり、「こないだは買ってくれたのに、どうして今日は買ってくれないの」とタケルに迫られてうまく説明ができず感情的になったりしていたユウコが、である。

そしてミサキの留学の夢は現実的な目標となり、着々と目標達成に向けて進んでいる。親として子どもの未来のために何かができるのはうれしいことだと思っている。

頼りになるようでどこか子どもたちに対して傍観者気味だったハルトは、自分もネット詐欺に遭うなどいろいろ失敗もしながら、子どもたちと一緒に試行錯誤できる親になった。

タケルは――。家族の誰よりも、その変化は明らかだった。

何より山村家の団欒の場が、前よりもずっと温かく、優しく、深い絆で結ばれているような雰囲気に変わっていた。おこづかいの振り返りや貯金計画を通じて、家族関係も良いほうへと変わったのかもしれない。

――もう、ネコマルは行くんだな。たとえぼくらが必死で止めても、次の家に行くんだ……。そして、ちょうど1年前のぼくのような子どもに、お金とはどういうものか、デジタルおこづかいで何ができるか、また一から教えてあげるのだろう……。

タケルは覚悟を決めて「泣いてる子がいるの？　おこづかいを使い切っちゃったなんて、大丈夫かな？」と、ネコマルの行く先を思いやり言った。

ネコマルは、ニッと笑ったように見えた。

「何言ってるの、タケル。君がいちばん知ってるでしょ？　おこづかいが足りない、使いすぎちゃった。このままじゃお金に振り回されちゃいそうだ。……そんなときは？」

ネコマルに問われ、タケルもへへっと笑った。

「お金について学ぶ最高のチャンス、だね！」

ミサキがネコマルの頭を撫でた。ユウコとハルトも、ネコマルのことをずっと見つめている。

「タケルなら……ミサキなら……ママなら……パパなら……もうだいじょ……ぶ……、マルっ」

＊　＊　＊

おわりに

レシートを集めて手書きで家計簿やおこづかい帳をつける必要があった頃から比べると、たいへん便利な時代になりました。

アプリにおける見える化と親子の共有機能、入金した分しか使えないプリペイドカード。これらは子どもがお金で大失敗して大ケガをしないための〝ガードレール〟の役割を果たします。道路外に飛び出さないように、あらかじめ設けられた防護柵があるからこそ、親が子どもに一定の範囲を任せて、判断を委ねられるのです。

おこづかいアプリやプリペイドカードは、お金を通じて子どもの自立を育むツールである――と同時に「子どもを信頼できる親」を育むツールでもあるというわけです。

デジタルおこづかいを通じて、自分の興味や重視する価値観に気づいた子どもは、親が誘導しなくても、興味の向くほうへと自分の足で歩み始めます。誰かに指導されるのを待つのではなく、自分で考え、自分の価値観に合うものを選ぼうと、意識が変わっていくのです。

２０２２年７月、私の手がける子ども向けプリペイドカードサービスの正式リリースをしてから、この2年半の間に、おこづかいアプリを使用した親子からさまざまな変化の声を聞いてきました。

計画性がなく、あるだけお金を使ってしまい、どれだけ親が言っても面倒がっておこづかい帳をつけなかった中学生が、おこづかいアプリに自動で記録される利用履歴を見ているうちに「コンビニで買った、このホットスナックはそんなに必要のない買い物だった」と、誰に言われるのでもなく自ら振り返りを始めたという声。

報酬制のおこづかいを導入し「頑張った分だけ、自分で稼げる」自信を得て、子どもから強い主体性を感じるようになったという声。

大人たちが社会に出てからようやく身につけてきたプロセスを、今の子どもたちは、幼いときからデジタルおこづかいを通じて訓練することができるのです。そんな子どものトライや成長を感じると、親のほうも、子どもをどんどん信頼できるようになっていきます。

親はもともと、子どもの強力なサポーターであるはずです。大事なのは、親が見ているうちに、たくさん試したり失敗したりさせてあげることができるか、です。

この本を通じて親子でデジタルマネーの知識やトラブル対処法を身につけたり、子どもがおこづかいを計画的に使用できるようになったりすることに加えて、親のみなさんの日々子どもに接するスタンスに、少しでも変化が生じることになれば何よりうれしいです。

子どもの成長段階やタイミングによって、この本の関連する項目をぜひ開いてみてください。「欲しいものがあるけどお金がない」と言われたら、貯金計画や仕事のつくり方、目標設定のやり方を。また「ネット詐欺に遭ったかもしれない」と言われたら、デジタルマネーを安全に使うための基礎知識を……といったように、その子に必要なタイミングに合わせて、山村家の具体的な取り組み例を参考にしてもらえたらと思います。

親の一人としては、子どもに「これってどういうこと？」「よく分からない」と言われたときにちゃんと答えられるようにしよう、と思って自ら学ぶと、案外、学習効果が高まると思っています。タケルくんのおこづかいを通じたマネーレッスンのプロセスを、子どもだけでなく、親のみなさんが家計簿アプリを取り入れる際にも、役立てていただけたら幸いです。

＊　＊　＊

始業式の朝になった。タケルは小学4年生、ミサキは中学2年生に進級した。

「今日から高学年だよ。なんかドキドキする」

そう言いながら、タケルはキッチンで、ハルトとユウコの弁当箱におかずを詰めていた。今日はユウコ特製の唐揚げだ。おいしそうな匂いが部屋中に漂っている。

「行ってきまーす」

「行ってらっしゃーい」

家族の声がリビングの空間を飛び交う。

ランドセルを背負ったタケルは、一度玄関まで行き、靴を履こうとしたものの、あっと気づいてリビングまで戻った。

「行ってきます、ネコマル」

タケルは、テレビボードの上に置かれた、招き猫の置物の頭を撫でた。もうカタカタと動くことのない、その置物。……の口元がニッと笑った、気がした。

見原思郎（みはら しろう）

1978年8月22日、静岡県焼津市生まれ、神奈川県横浜市育ち。

青山学院大学卒業後、インターネット系ベンチャー企業を経て、26歳で起業に挑戦し、ファッションメディアとスポーツSNSを扱う会社を設立。その後、GREEやSupershipでの新規事業立ち上げの経験や、メルカリでメルペイの立ち上げに貢献するなどの経験ののち、40歳で再び起業を決意し、シャトル株式会社を創設。「未来を担う若い世代の可能性を最大化する」をミッションに、子ども向けフィンテックサービスを展開し、親子向けプリペイドカード「シャトルペイ」の開発・提供を行っている。

本書についての
ご意見・ご感想はコチラ

親子で学ぶデジタル×マネー教育
ネコマルのデジタルおこづかいレッスン

2025年5月22日　第1刷発行

著　者　　見原思郎
発行人　　久保田貴幸

発行元　　株式会社 幻冬舎メディアコンサルティング
〒151-0051　東京都渋谷区千駄ヶ谷4-9-7
電話　03-5411-6440（編集）

発売元　　株式会社 幻冬舎
〒151-0051　東京都渋谷区千駄ヶ谷4-9-7
電話　03-5411-6222（営業）

印刷・製本　中央精版印刷株式会社
装　丁　　弓田和則

検印廃止

ISBN 978-4-344-94833-4 C0037
幻冬舎メディアコンサルティングＨＰ
https://www.gentosha-mc.com/